Mademoiselle Miss und andere Geschichten

Henry Harland

Writat

Diese Ausgabe erschien im Jahr 2023

ISBN: 9789358810707

Herausgegeben von
Writat
E-Mail: info@writat.com

Inhalt

MADEMOISELLE Fräulein

„ *Mais que diable allait-elle faire en cette Galerie ?* ”

Paris ist heute die düsterste Stadt der Christenheit – obwohl es ein wunderschöner Tag im April ist, die Brise voller Sanftheit weht und die Straßen voller Menschen sind – und das Quartier Latin der ziemlich langweiligste Teil von Paris ist : Mademoiselle Miss ist gestern Abend nach England abgereist.

Wir alle wissen, wie es ist, wenn eine Person, die ein großes Interesse an unserem Leben hatte, plötzlich verschwindet: Wie es, abgesehen von dem unmittelbaren Schmerz der Trennung und dem Nachschmerz, den Flüchtling mehr oder weniger bewusst zu vermissen, eine … weite, komplexe, düstere Unterwelt der Emotionen, die mit dem Generalbass einer traurigen Melodie verglichen werden kann und sich in gewisser Weise mit dem gesamten äußeren Universum zu verbinden scheint. Die Sonne geht wie immer auf, aber das Sonnenlicht ist nicht dasselbe. Andere Leute verfolgen scheinbar unbekümmert den gewohnten Tenor ihres Weges; aber wir sind ein wenig überrascht, dass dies der Fall sein sollte – überrascht und betrübt und ein wenig verärgert. Wir können nicht ohne Anstrengung erkennen , wie völlig verschont sie von dem Verlust sind, der uns widerfahren ist; und wir haben im Dunkeln das Gefühl, dass ihre Gleichgültigkeit entweder reine Prahlerei oder ein Symptom moralischer Gefühllosigkeit ist. Die Wahrheit ist natürlich, dass unser scheidender Freund nicht nur seinen eigenen Körper und sein Gepäck mitgenommen hat, sondern ein Element von der Erde und dem Himmel. und eine Faser von uns selbst. Alles wird auf subtile, unkommunizierbare Weise verändert. Wir erwachen vor einem veränderten Horizont: und unser Kummer ist dennoch groß, weil der Wechselbalg eine formale Ähnlichkeit mit dem verschwundenen Original aufweist.

Also! Mademoiselle Miss ist nach England gegangen; und heute ist es ein neues, unbekanntes und höchst düsteres Paris, das der kleinen Gruppe von Gläubigen gegenübersteht, die es zurückgelassen hat. Tatsächlich war es bereits ein neues Paris, als das halbe Dutzend von uns, die wir uns in St. Lazare versammelt hatten, um sie zu verabschieden, gestern Abend vom Bahnhof kam, nachdem ihr Zug weggerollt war. Wir fanden einen Eckplatz für sie in einem Abteil der dritten Klasse, das für Damen reserviert war ; und während sich einige von uns um die Registrierung ihres Koffers kümmerten, packten andere ihr leichtes Gepäck in die Ablage über ihrem Kopf; und dieser Mann hatte einen Strauß Veilchen und ein Buch für sie zum Lesen mitgebracht; und Jean spendete eine Flasche Rotwein und Jacques eine Serviette voller Sandwiches: und im Großen und Ganzen waren wir trotz unserer krampfhaften Heiterkeitsversuche die verlassenste kleine Party, die man sich vorstellen kann. Wir versammelten uns um das Fenster ihrer Kutsche und versperrten dadurch, wenn auch nicht aus böser Absicht, den Weg für andere einsame Damen, die vielleicht eintreten möchten, während Miss aus gefährlich strahlenden Augen auf uns herablächelte; und wir versuchten, dem Schmerz, der in unseren Herzen war, zu trotzen, indem wir lebhafte kleine Fragen und Anweisungen oder fehlgeschlagene kleine Scherze abfeuerten.

„ Sicher, dass Sie Ihr Ticket in Ordnung haben?"

„Sie müssen schnell einen Liegeplatz finden, sobald Sie Dieppe erreichen."

„Bitte schreiben Sie, sobald Sie ankommen."

„Oh, wir werden durch Don Antonio Neuigkeiten von ihr erfahren." – Das war scherzhaft gemeint, und wir lachten alle, wenn auch eher schwach: Don Antonio war ein altes italienisches Modell, das Miss viel gemalt hatte, und zwischen wem und Selbst dort soll humorvollerweise ein verzweifelter Flirt stattgefunden haben.

Wir verfielen jedoch ständig in Schweigen; und in den letzten fünf Minuten haben wir kaum gesprochen. Wir warteten einfach da, bewegten uns unruhig untereinander und blickten zu ihr auf. Sie lächelte uns weiterhin an; aber es war ein reumütiges Lächeln, und wir konnten deutlich sehen, dass die Tränen nicht weit dahinter lagen. Dann läutete plötzlich eine Glocke; die Beamten riefen „ *En voiture* "; es gab eine Salve von Verabschiedungen, ein Durcheinander beim Händeschütteln; der Motor kreischte; ihr Arm wurde durch das Fenster hineingezogen; der Zug fuhr; und Miss war weg.

Wir verweilten einen Moment auf dem Bahnsteig und schauten dumm der roten Lampe am Ende des letzten Wagens nach, die in der Ferne immer kleiner und schwächer wurde.

Plötzlich riss sich jemand so weit zusammen, dass er sagen konnte: „Na, komm schon."

Und wir verließen den Bahnhof und gelangten in ein Paris, das leer und seltsam war. Aubémont (Adolphe) hielt sich offen sein Taschentuch vor die Augen; aber wir Angelsachsen schimpften und ärgerten ihn, bis er es außer Sichtweite brachte.

„Von Christopher! wenn ich daran denke, wie wir das Mädchen am Anfang behandelt haben!" rief Chalks, ein Amerikaner, dessen Laienname Charles K. Smith ist, aber von allen seinen englischsprachigen Handwerkskollegen Chalks genannt wird.

Wobei – „ Oh, halt die Klappe!" kam im Chor vom Rest von uns. Es war uns egal, an diese alten Zeiten erinnert zu werden.

Dann schlug der kleine Schaas-Keym , der Holländer, vor, dass wir den Abend und die Gerichtsvergessenheit im Galurin ausklingen lassen sollten Cassé : Und wir nahmen seinen Vorschlag an und tranken Bier und rauchten und plauderten und aßen kaltes Rindfleisch und Gurken, bis der Laden geschlossen war, als wir um 2 Uhr morgens zu sechst in einem einzigen Taxi ins Viertel zurückkehrten.

So haben wir es letzte Nacht geschafft, uns mit ausreichend Komfort auszupowern. Wir gaben uns keine Zeit, keine Chance zum Nachdenken. Wir standen zusammen und ertränkten unsere Trauer in dem Lärm, den wir machten. Und als wir uns dann trennten, waren wir so müde, dass wir direkt ins Bett gehen und alles vergessen konnten.

Aber – heute Morgen!

Sprichwörtlich beginnt die Wunde eines Mannes am nächsten Morgen zu schmerzen. Für die anderen kann ich, da ich keinen von ihnen gesehen habe, nur Schlussfolgerungen ziehen: Am Morgen verstreut sich unser kleines *Cénacle* in alle vier Ecken der Stadt, um erst zur Stunde des Abendessens wieder vereint zu werden; aber welchen Grund gibt es, daran zu zweifeln, dass der Tag sie genauso behandelt hat, wie er mich behandelt hat? Und oh, was ist das für ein trüber, trostloser, strahlender Frühlingstag! Das Luxembourg duftet nach sprießenden Bäumen und ist voller lauter Geräusche von einem halben Tausend tobenden Kindern; Die Boule- Miche ist am lebhaftesten, mit einem unaufhörlichen Auf und Ab lachender junger Männer und Frauen; die *Terrasse* der Vachette ist eine Ansammlung glänzender Zylinderhüte und prunkvoller weiblicher Hauben; und der Himmel über ihnen ist ein einziges glattes blaues Gewölbe, und die Sonne ist überall, ein goldener Rauch: aber der Glanz und die Freude von allem sind verschwunden. Wenn ich mich umdrehe, wohin ich will, empfinde ich das gleiche schreckliche Gefühl der Leere. Die Straßen sind trotz der Menschenmassen menschenleer: Ich kann meine einsamen Schritte grausig durch sie hallen hören. Paris ist wie Pompeji.

Nach dem Mittagessen, in der Absicht, durch die Flucht aus dem Viertel Erleichterung zu finden (wo jeder gesegnete Stock und Stein eine bittersüße Verbindung mit ihr hat), überquerte ich den Fluss, mischte mich unter die Menschenmenge auf dem Boulevard und saß eine Weile im Café de la Paix . Aber die Dinge waren kein bisschen besser. Die Sonne schien mit dem gleichen freudlosen Glanz; die Luft berührte einen mit der gleichen leichten, unangenehmen Liebkosung; Das Gelächter der Wanderer hatte den gleichen hohlen Klang. Eine Katastrophe war über Mensch und Natur hereingebrochen. Ich kam zurück zur Rue Racine und ihren Geistern.

Dieser Ausruf von Smiths letztem Abend, zu dem wir alle tabu geweint haben, traf wirklich einen der hervorstechenden Punkte der Position: wenn ich daran denke, wie wir sie am Anfang behandelt haben! Es besteht kein Zweifel, dass für uns mildernde Umstände geltend gemacht werden könnten. Es war nur natürlich, dass wir sie so behandelt hätten, wenn Tradition und Konvention eine Sache natürlich machen können – wenn es zum Beispiel natürlich wäre, dass Männer eine Frau in einer Raucherkutsche böse anstarren. Und außerdem hat sie ihre Rache gehabt. Im Übrigen war sie sich unserer Vergehen nie bewusst; Aber sie hat ihre Rache erfahren, wenn sie uns einer nach dem anderen zu ihren Füßen werfen sieht, demütige Anbeter, eifrige Diener – wenn das Rache bedeuten kann. Und dann, so wird uns gesagt, sind unsere Sünden zwar so rot wie Scharlach, aber wenn wir wirklich umkehren, werden sie so weiß wie Schnee gewaschen; und wir haben umgetan, Gott weiß wie wahrhaftig. Dennoch wünschte ich, ich könnte vergessen, wie wir sie am Anfang behandelt haben, da Vergebung ohne Vergesslichkeit nur der Guinea-Stempel ohne Gold ist.

Man wird nach der Gesellschaft beurteilt, die man pflegt; und sie behielt – unseres. Es ist nun etwa neun Monate her, dass sie darin im Hôtel de l ' auftrat. céan et de Shakespere , in der Rue Racine. Wir waren gerade voreilig genug, unaufmerksam genug, unverblümt genug in der Wahrnehmung, um sie entsprechend zu beurteilen – um auf eine beiläufige, selbstverständliche Art und Weise davon auszugehen, dass sie für uns ein Gefäß aus Ton sein würde.

Der Eingang zum Hôtel de l '. céan et de Shakespere , ein schmaler, dunkler, mehrdeutig wirkender Eingang, wird von zwei Blechschildern flankiert. Auf der rechten Seite steht „ *Chambres ci Cabinets Meublés* “, auf der linken Seite steht „ *Pension de Famille* “. Nennen Sie es eine *Pension de Famille* , wenn Sie so wollen: Zu der Zeit, als Mademoiselle Miss zu uns kam, waren wir, um es ganz klar auszudrücken, die verrufenste Familie Europas.

Unsere Besitzerin, Madame Bourdon, war eine gallertartige alte Person aus Toulouse, mit einem Paar verschwommener blauer Augen, einem fleckigen Teint, einem weltgewandten Lächeln, einem nachsichtigen Herzen und einem extrem nasalen Akzent. Ich spreche von ihr als alt; aber sie war offenbar noch nicht alt genug, um es besser zu wissen. Auf jeden Fall hatte sie einen gewissen, nicht begünstigten *Abbé, der* ständig an ihrer Schürze hing, und sie ließ ihn an einem halben Dutzend Abenden in der Woche zum Essen einladen. Von ihren Internatsschülern waren alle Männer Studenten, alle Frauen *étudiantes* – was, wenn man es interpretiert, wohl auch Studenten bedeutet. Es waren die Damen Germaine, Fifine , Olga, Yvonne, Zélie und Lucile –

„ *Deren Namen sechs süße Symphonien sind* “ – und vielleicht hatte Madame ihr Geschäft eine *Pension de famille genannt, weil Lucile ihre Nichte war* . Sie haben so viel für Ihr Zimmer und Ihren Service bezahlt, und dann konnten Sie, ganz wie Sie wollten, am Table d'hôte teilnehmen oder nicht. Die meisten von uns haben es genommen, weil es nur fünfzig Francs pro Monat waren, *vin compris* . Unsere Damen aßen im Ausland viel, wobei die Mengen je nach Sitte ihres Geschlechts unbeständig waren; aber die Männer waren fast immer in voller Zahl anwesend. Wir zählten sieben: Chalks, Schaas-Keym , Aubêmont , Jeanselme , Campbell, Norton und ich. Wir bildeten eine Art enge Gemeinschaft, basierend auf einer Gemeinschaft von Vorlieben, Interessen und Umständen. Wir waren alle „Künstler“ – außer Jeanselme , die eine „Mine“ war und eine ungeordnete Tendenz hatte, in Versen auszubrechen: Wir waren alle lächerlich arm, und wir liebten es alle, Paris auf und ab zu bohemisieren .

Eines Abends im September letzten Jahres, als wir unsere *Salle-à-Manger betraten* , sahen wir einen Fremden, einen Neuzugang in unseren Reihen; und Madame stellte sie uns mit einer umfassenden Geste mit folgenden Worten vor: „ *Une nouvelle, une anglaise, Mees,* ... “ Dann machte sie einen schrecklichen Fehler aus einem ziemlich langatmigen englischen Namen: und wir waren damit zufrieden, ihn zu akzeptieren Neuankömmling einfach als Fräulein. Der Concierge und die Bediensteten behandelten Fräulein jedoch (um ein wenig vorwegzunehmen) als *Petit-Nom* , wie Jane oder Susan, und stellten ihr den Titel Mademoiselle voran. Der Pleonasmus schien glücklich zu sein, und wir nahmen ihn auf: Mademoiselle Miss. Auf ihrer Visitenkarte stand: „Miss Edith Thorowether .“ Es war im Großen und Ganzen wahrscheinlich auch gut so, dass die französischen Lippen das nicht allzu oft hätten angehen sollen.

Wenn sie nun unscheinbar oder alt gewesen wäre oder in ihrer Haltung zurückhaltend oder bösartig ausgesehen hätte, hätten wir zweifellos sofort den Unterschied zwischen ihr und uns gespürt und ihre Anwesenheit bei uns lediglich als das äußere und sichtbare Zeichen von irgendjemandem verstanden innerer und spiritueller Fehler. Aber zufällig war sie jung und ausgesprochen hübsch; und sie schien völlig entspannt zu sein; und sie lächelte gnädig als Anerkennung für das etwas oberflächliche Nicken, mit dem wir sie begünstigten . Wir hatten weder den Verstand noch die Intuition, ihre Leichtigkeit als die Leichtigkeit der Unschuld zu erkennen ; und unser Hotel war *so* eine riskante Kiste; und Damen englischer oder amerikanischer Herkunft waren im Viertel keine besondere Neuheit; und wir haben nicht aufgehört, dies kritisch zu prüfen oder darüber nachzudenken; Und so geschahen Dinge auf eine Art und Weise, die wir heute als unangenehm empfinden. Es war Saul, der zufällig in die Mitte unserer prophetischen Ratsversammlungen geraten war; und wir verwechselten ihn mit einem aus unserer eigenen prophetischen Kaste und fuhren fort, uns in unserer gewohnten prophetischen Art zu erniedrigen und auszudrücken. Glücklicherweise war Sauls Wissen über unsere prophetische Sprache begrenzt. Wir sprachen den Slang der Boulevards; während das kleine Französisch, dessen Herrin Mademoiselle Miss war, von Ollendorf und Corinne gelernt hatte .

Die Situation wurde teilweise geklärt, ich weiß nicht mehr, wie lange danach, als wir in ihrem Zimmer, wohin sie uns für eine Abendunterhaltung eingeladen hatte, ein altes Exemplar eines bestimmten Handbuchs nach Paris entdeckten – „das Abzeichen unseres ganzen Stammes " . wie der Tourist es nannte. Als wir die Hotelliste aufschlugen (was jemand zufällig tat), fanden wir die folgende Notiz mit einem Bleistiftstrich darauf: „Hotel de l '. céan et de Shake-spere, Rue Racine, hauptsächlich von Besuchern besucht, die Kunst studieren: gut besucht und günstig." Das hat es erklärt. Mademoiselle Miss hatte einem Führer vertraut, der zehn Jahre hinter der Zeit zurückgeblieben war, wie das Datum auf der Titelseite bezeugte. Und wie hatte sich in zehn Jahren das Hôtel de l ' entwickelt? céan et de Shake-spere ist aus seinem respektablen Stand gefallen! – es sei denn, vor zehn Jahren wäre der Herausgeber dieses vorbildlichen Handbuchs ungeheuerlich belastet worden. In seiner aktuellen Ausgabe erscheint der von mir zitierte Absatz nicht.

Doch zurück zum Abend ihrer Ankunft. In unserem *Salle-à-manger* herrschte eine strenge Geschlechtertrennung. Die Männer saßen auf der einen Seite des langen Tisches, die Frauen auf der anderen, mit Madame und ihrem *Abbé* dicht an der Spitze. Es war die einzige Vereinbarung, die Madame treffen konnte, um unter uns so etwas wie Ordnung aufrechtzuerhalten. Mademoiselle Miss hatte einen Platz zwischen Zélie und Yvonne zugewiesen , fast gegenüber von Chalks und mir; und sie ließ sich ohne Verlegenheit auf das Gespräch mit uns allen vieren ein. Das heißt, sie reagierte in ihrem gebrochenen klassischen Französisch so gut sie konnte und mit vollkommener Liebenswürdigkeit auf die Bemerkungen, die wir an sie richteten. Abgesehen von der Ansprache an Madame oder den *Abbé* kam niemand auf die Idee, an unserer unzeremoniellen Tafel *„Vous" zu sagen. und Miss zeigte weder Missfallen noch Überraschung, als wir sie in die vorherrschende Tu* einbezog . Sie hatte eine ruhige, süße englische Stimme; ein äußerst zarter Teint, blasses Rosa, das in Lilienweiß übergeht (was unserer Meinung nach auf einen wissenschaftlichen Umgang mit Rouge und Puder zurückzuführen ist); ein Paar große graue Augen; viele wehende warmbraune Haare; und ein Gesicht mit so glatten Konturen, so weich und fein in der Textur, dass man sie für ein bloßes Mädchen von achtzehn oder höchstens zwanzig Jahren hätte halten können, während sie es tatsächlich war, wie wir später erfuhren 23.

An diesem ersten Abend ihrer Ankunft beobachteten wir sie jedoch, obwohl sie ein Neuling war, ohne besondere Sorgfalt, schenkten ihr keine besondere Aufmerksamkeit und verspürten auch keine besondere Neugier auf sie. Damen von der Qualität, die wir ihr stillschweigend zuschrieben, waren für uns eine so alte, alte Geschichte; Vertrautheit hatte Apathie hervorgerufen; Wir hielten sie für selbstverständlich, genauso wie wir es für selbstverständlich gehalten hätten, die Anzahl der Stühle im Raum zu erhöhen. Außerdem ist die Haltung des *Nil- Admirari* gegenüber allen Dingen und insbesondere gegenüber allen neuen Dingen die Mode des Viertels; eine Haltung träger Allwissenheit, weltmüder Kultiviertheit. Wir haben alles gesehen, alles zerlegt, uns davon überzeugt, dass wir mit Sägemehl vollgestopft sind. Wir sind *Fin-de-Siècle*, wir sind *Décadents* und für einen Mann sind wir Anglomanen. Deshalb würden die meisten von uns, wenn wir auf der Hut sind, lieber sterben, als über irgendetwas Überraschung zu zeigen oder mehr als nur ein überaus träges Interesse an irgendetwas zu zeigen. Daher waren die Fragen, die wir Miss stellten, spärlich, oberflächlich und oberflächlich und trugen in keiner Weise dazu bei, unsere Fehleinschätzung ihr gegenüber zu korrigieren; während sie zusammen mit den positiven Aussagen, die wir aufgestellt haben, einen Standpunkt und eine frühere Erfahrung voraussetzten, die unserem eigenen ähnelten.

Zélie zum Beispiel fragte sie rundheraus (von einem zum anderen): „ *Tu cherches un callage , hein ?" Auf Fais l'inépendante ?* "

Miss sah ein wenig verwirrt aus, antwortete aber zögernd: „ *Nein, pas College." Je suis artiste* ."

Worauf ein oder zwei von uns starrten und dachten, es sei bedeutungslos; ein oder zwei lächelten und dachten, es habe eine doppelte Bedeutung; aber die Mehrheit beachtete es nicht; und niemand machte sich Gedanken über die Tiefe der Unwissenheit (außer tatsächlich Unkenntnis der französischen Sprache), die die Antwort andeuten könnte. Ich sollte vielleicht hinzufügen, dass bei uns die jungen Damen, die bei Bullier's tanzen , bei den *Aperitifs der Konzerte singen* oder in den *Brasseries-à-femmes servieren* , sich selbst als *Künstlerinnen bezeichnen* .

Am Ende des Abendessens, als das Zeug hereingebracht wurde, das Madame Bourdon beschönigend Kaffee nennt, brachen wir alle in lautem Einklang mit einem Lied aus, das der altehrwürdige Brauch für das Ereignis und den Moment vorgeschrieben hatte. Im Hôtel de l ' werden wir nie mit diesem Getränk verwöhnt. céan et de Shakespere , außer bei Einführung eines *Nouveau* oder einer *Nouvelle* , wenn es seinem Konto belastet wird; und hier ist der Gruß, mit dem wir es begrüßen: –

Auf der Suche nach der Vaterschaft !

Chaforé ?

Unfall angekommen

A l'amèr ' Chicorée

Par liaison passagère

„ Vec le père

Cafe.

Papa Café?

Pas, pas Café!

L'amèr ' Chicorée est française,

Fill' de fermier ,

Et pourtant ,- comment donc ,- ell' baise

Dies ist ein Fremder,

Ce gros Gaillard de Païen

Pacha Café?

Schockierend – was ?

Und das Baby ,

Chaforé ?

C'reti'n ,—

Getauft

Ein Hauptplatz

D'eau de Seine,

Diesen abscheulichen Blödmann mit seinen falschen Reimen und unmöglichen Mengen, seinen schlechten Wortspielen und zweideutigen Andeutungen sangen wir aus vollem Halse durch ; und Mademoiselle Miss hörte lächelnd zu. Woher sollten wir wissen, dass sie nicht die leiseste Ahnung hatte, worum es ging, und dass ihr Lächeln nichts tieferes als Freude an unserer Hochstimmung und Belustigung über unsere lautstarke Energie verriet? Nach und nach erhob sie sich vom Tisch, wünschte uns höflich einen guten Abend und verließ das Zimmer.

Ich glaube, am nächsten Abend verabredeten wir uns, um zu Bruant's am Boulevard Rochechouart zu gehen ; und Zélie , von einem Impuls der Freundlichkeit bewegt, wandte sich an Fräulein und schlug ihr vor, sich uns anzuschließen. Miss fragte, was Bruant's sei; und Zélie antwortete vage: „ *Kommentar, tu ne sais pas?*" *Tant mieux , alors* . *Du vas voir* . „Und Miss zog sich zurück, um ihre Haube aufzusetzen.

Gott sei Dank war ihre Kenntnis der französischen Sprache zwar gering, aber ihre Kenntnis des Jargons, der im Cabaret du Mirliton gesprochen und gesungen wurde, war null. Ansonsten muss sie sich immer mit Schmerz und Demütigung an ihren Besuch dort erinnert haben, und sie hätte uns nie verzeihen können, dass wir sie an einer unserer Expeditionen teilnehmen ließen . Tatsächlich kann sie sich jedoch an den Anlass als den eines außergewöhnlich lustigen kleinen Abenteuers erinnern und ist sich der Schuld, die wir verdient haben, überhaupt nicht bewusst.

Auf den Aufschrei von

„O- là - là ,

C'tte gueule qu'elle a!

Während Damen, die die Schwelle von Bruants Lokal betreten, willkommen geheißen werden, lächelte Fräulein nur benommen und ahnte vermutlich nie, dass es für sie und ihre Gefährten bestimmt war, sondern bildete sich ein, dass wir mitten in einem lauten Chor eingetreten waren. Dann, als wir uns Plätze gesichert und unsere Böcke bestellt hatten, verbrachte sie vermutlich ein paar Minuten damit, sich umzuschauen und einen allgemeinen Eindruck von dem seltsamen kleinen Raum zu gewinnen – mit seiner dunklen Farbe, seinem üppigen Durcheinander von Ornamenten und Gemälden , sein kostbarer alter Kamin aus dem 15. Jahrhundert, sein riesiger *Mirliton* , der von der Decke hängt, seine zweifelhaften Kunden und sein unwahrscheinlicher Befehlshaber und Herr, der hübsche, räuberisch aussehende Aristide, in seinem scharlachroten Halstuch, seinen Reitstiefeln aus Lackleder und Cord Knickerbocker: alles sichtbar durch eine Atmosphäre, die durch Kerzenlicht schillernd wird und mit Zigarettenrauch kämpft.

Wie jeder weiß, verstößt es bei Bruants gegen die Regeln, einen Spaten beim Spaten zu nennen; Sie müssen einen stärkeren Namen dafür finden und das vergleichsweise harmlose „Spaten" für ein so mildes Gerät wie einen

Teelöffel reservieren. Dies ist eine von Aristides zahlreichen raffinierten Methoden, mit denen er seine Verachtung für die zwielichtigen Verfeinerungen des modernen Lebens zum Ausdruck bringt; und außerdem findet er es aus nicht offensichtlichen Gründen lustig und erwartet, dass die Leute lachen. Als er also plötzlich auf unsere kleine Gruppe friedliebender Kunststudenten zu stolzierte und uns mit heftiger Freundlichkeit auf die Schulter klopfte, musste er uns zwangsläufig als *„Ich"* bezeichnen *mufles , mes Cochons usw* .; und wir mussten uns natürlich mit einem entzückten Lächeln keine Blöße gönnen. Dann senkte er seine Stimme und sagte uns, dass er in großer Not sei.

„Ich habe keinen Klavierspieler. Der Taschendieb, der das normalerweise für mich tut, hat mir mitgeteilt, dass er aufgegeben hat. Weiß einer dieser Idioten hier, wie man auf Elfenbein klopft?" – Chits ist eher eine liberale Übersetzung des Begriffs, den er verwendet hat.

„Scheiß auf dich!" rief Zélie spielerisch. „ *Vieux chien !*"

"Kannst du Klavier spielen?" Chalks fragte Mademoiselle Miss auf Englisch: „ Bruant möchte, dass jemand seine Begleitung spielt."

„Ich kann ein bisschen spielen. Ich könnte es versuchen", antwortete sie einfach.

Und Bruant führte sie zum Instrument, wo sie mit dem Rücken zur Gesellschaft saß und hart für deren Unterhaltung arbeitete, bis nach etwa einer Stunde der säumige Pianist auftauchte, sich offenbar von seinem Unwohlsein erholte und ihren Platz einnahm.

Was sollten wir nun daraus machen? Eine junge Frau geht nach Bruants (wo es kaum einen schattigeren Ort in den zwielichtigen Nebenstraßen Böhmens gibt) – sie geht zum ersten Mal in ihrem Leben zu Bruants , steht mutig auf und nimmt an der Aufführung teil! Wie konnten wir unter die Oberfläche ihres Verhaltens dringen und die Welt der Unschuld, die höchste Unbewusstheit des Bösen erkennen, die dort verborgen lag, und dafür verantwortlich sein? Bruant selbst, zu unserer Schande , sei es zugegebenermaßen der raue, zornige, lautstarke Aristide, sah, wofür wir blind waren.

„Wie zum Teufel kommt *sie* dazu, mit deinem Flashmob herumzuspielen?" fragte er mich in den Pausen eines seiner Lieder; Er stolziert hin und her durch den Raum, während er singt, wissen Sie, und tauscht mit jedem ein paar Bemerkungen in Klammern aus. „Für Leute wie sie seid ihr kein geeigneter Kumpel, *vous autres , b———, m————!* " – Worte, die jede englische Druckmaschine außer Gefecht setzen würden.

"Warum nicht?" Ich fragte sanftmütig.

„Weil sie ein ehrliches Mädchen ist, das ist alles. Sie ist den Dieben zum Opfer gefallen, und ich glaube, sie weiß es nicht. Du hättest sie nicht zu *einer* solchen *Verkaufsaffäre* mitnehmen sollen ."

„Ich habe sie nicht mitgebracht. Sie kam aus freien Stücken."

„Nun, es ist ein lächerlicher Fehler, merken Sie sich, was ich Ihnen sage." Und er begann, die zweite Strophe von „Saint Lazare" zu singen.

Als sein eigener bezahlter Pianist eintraf, führte er Miss zurück zu ihrem Platz an unserem Tisch, machte ihr eine große Verbeugung, dankte ihr in einer Rede, deren jedes Wort im Wörterbuch der Akademie hätte zu finden sein können, und bestand darauf, dass sie ein Glas trank *Galopin* Bier dabei und anstoßende Gläser. Sie lachte und errötete viel; aber es war deutlich, dass sie in ihrem Herzen murmelte: „Was für ein Spaß!"

Anschließend gingen wir zum Abendessen ins Rat Mort. Ja, der Himmel verzeiht uns, wir gingen mit Mademoiselle Miss zum Abendessen ins Rat Mort!

Eines: Wenn ich mich an diese frühen Tage erinnere, ertappe ich mich dabei, dass ich unseren Sternen ständig dafür danke, mit einer Freude, die der Kehrseite eines Schreckens gleicht; und das heißt, dass es uns gnädigerweise gegeben wurde, sie herauszufinden, bevor sie die Chance hatte, dasselbe durch uns zu tun. Andernfalls – wenn wir noch ein wenig länger in unserem Irrtum und in unserer daraus resultierenden Art zu reden und zu verhalten beharrt hätten und sie es verstanden hätte – zittert mein Herz bei dem Gedanken an den Schmerz und die Demütigung, die sie erlitten hätte, die Verachtung und das Entsetzen Sie muss mit uns gefühlt haben. Aber durch ein Glück, das wir sicherlich nicht verdient hatten, wurden uns gerade noch rechtzeitig die Augen für ihr wahres Gesicht geöffnet; und wir beeilten uns, ein neues Kapitel aufzuschlagen, bevor sie das Alte buchstabieren konnte. Ich kann kaum sagen, wie es begann. Es begann wahrscheinlich mit vagen Bedenken, vagen Vermutungen, die nach und nach immer stärker und klarer wurden und schließlich durch die Umstände bestätigt wurden. Kleine Fragen, die sie stellte, kleine Kommentare, die sie tat, kleine Dinge, die sie tat, kamen uns seltsam vor, als hoffnungslos zu erklären – es sei denn, wir stützten uns auf eine Hypothese, die zunächst etwas zu weit hergeholt schien, aber nach und nach erzwungen wurde stellt sich uns als die Einzige vor, die in irgendeiner Weise in den Fall passen würde; die Hypothese nämlich ihrer erstaunlichen Unschuld; dass ihre Anwesenheit bei uns tatsächlich, wie Bruant vermutet hatte, auf einer absurden Fehleinschätzung beruhte; dass sie in ihrer vollkommenen Solidität und Ehrlichkeit gegenüber der Korruption um sie herum völlig ahnungslos war.

Chalks drückte dieses wachsende Gefühl bei uns immer aus, indem er den Kopf schüttelte, halb weise, halb verwirrt aussah und murmelte: „Dieses Mädchen hat etwas Seltsames an sich.“ Ich werde begeistert sein , wenn ich sie erkennen kann.“

Einmal vertraute sie uns zum Beispiel an, dass Madame Bourdon ihrer Meinung nach eine sehr religiöse Person sei, weil sie immer mit einem Priester zusammen sei. Es war klar, dass sie diese Bemerkung in völliger Wörtlichkeit und in gutem Glauben vorbrachte, ohne jegliche Hintergedanken; und nachdem wir ein oder zwei Minuten lang darauf gestarrt hatten, dachten wir vierzehn Tage lang darüber nach. Tatsächlich verlieh das schwarze Gewand von Monsieur dem Abbé sowohl Madame als auch ihrem Establishment einen böswilligen Hauch von Orthodoxie.

Dann kam die Tatsache ans Licht, ich kann mich nicht erinnern, wie, dass sie bei Julian gearbeitet hat – auch „ganze Tage“, was bedeutet, neun oder zehn Stunden schwere Arbeit in der pestilenzialen Luft eines Studios voller Menschen, wo Alle Fenster sind geschlossen und die Temperatur schwankt zwischen 30 und 40 Grad Celsius. Warum sollte sie sich bei Julian den Rücken brechen und ihre Lunge vergiften, wenn –?

„Sie hat etwas Seltsames an sich“, beharrte Chalks.

Den anderen Damen in unserem Haushalt gegenüber war sie jedoch stets äußerst freundlich: Sie besuchte sie in ihren Zimmern, empfing sie in ihrem eigenen, ging mit ihnen aus, plauderte mit ihnen so freimütig, wie es ihr Französisch erlaubte; und das verwirrte uns und verzögerte unser besseres Urteilsvermögen. Es war kaum zu glauben, dass irgendjemand, egal wie arglos oder wie schlecht er mit seiner Sprache vertraut war, viel mit Zélie , Yvonne, Fifine kollidieren konnte , ohne sich der Besonderheiten ihres Temperaments mehr oder weniger deutlich bewusst zu werden. Wenn Taten mehr sagen als Worte, beherrschen Manieren heutzutage sieben Sprachen.

Doch eines Nachmittags fragte mich Miss im Garten des Luxembourg: „Sind die jungen Damen in unserem Hotel alle verheiratet?“

Ich sah sie einen Moment lang verblüfft an. War es ihr ein Vergnügen, scherzhaft zu sein? Nein, sie hatte in äußerster Nüchternheit gesprochen.

"Verheiratet?" wiederholte ich. „Was zum Teufel hat dich auf die Idee gebracht, dass sie verheiratet sind?“

„Alle nennen sie Madame. Ich dachte, auf Französisch würde „Madame“ nur für verheiratete Frauen verwendet, wie bei uns „Mrs.“.“

Ein Instinkt der Vorsehung in mir forderte mich auf, ihre Einfachheit zu respektieren und mit einer Ausflüchte zu antworten.

„Oh nein“, sagte ich, „zumindest nicht im Quartier Latin. Hier ist es Brauch, alle Frauen Madame zu nennen.“

„Aber“, fuhr sie mit rascher Logik fort, „warum nennen sie mich dann Mademoiselle?“

Das war eher eine „Zerstörung“, aber ich kam mannhaft hoch. „Ah, das liegt daran, dass Sie Engländer sind, verstehen Sie?“

„Oh“, murmelte sie und akzeptierte offenbar den Grund als ausreichend.

Dann wagte ich es, sie ein wenig anzuhören.

„Du magst sie, du findest sie angenehm, die Mädchen im Hotel?“

„Ja, ich mag sie“, antwortete sie bewusst. „Natürlich sind ihre Verhaltensweisen nicht ganz englisch, oder? Aber ich denke, man muss damit rechnen, dass französische Mädchen anders sind . Sie scheinen intelligent und gutmütig zu sein und waren sehr nett zu mir.“

„Ich wage zu behaupten, dass ihr euch nicht immer versteht?“ Ich empfahl.

„Oh je, nein. Das ist es, was uns daran hindert, intim zu sein. Französisch ist so schwierig und sie reden so schnell. Ich kann die Lehrer der Schule so gut wie möglich verstehen, obwohl sie sehr langsam und deutlich sprechen, weil sie wissen, dass ich Engländer bin. Aber ich glaube, ich lerne ein wenig. Ich kann viel mehr verstehen als bei meinem ersten Besuch. Rauchen alle französischen Mädchen Zigaretten? Ich wusste, dass spanische und russische Frauen das taten, aber ich wusste nicht, dass es in Frankreich Brauch war.“

„Ja, entschieden“, sagte ich mir,

„Chalks hat recht. Sie hat etwas ‚Seltsames‘ an sich.“

Aber wie lässt sich die Theorie ihrer „Quartität“ mit der Tatsache in Einklang bringen, dass sie hier allein unter uns im Quartier Latin von Paris wohnt? Angenommen, sie sei ein wohlerzogenes, unschuldiges junges englisches Mädchen, wie im Namen der Wahrhaftigkeit hatte sie es geschafft, so weit von ihrem natürlichen Umfeld abzuweichen?

Trotz aller Schwierigkeiten gewann die Theorie jedoch an Boden. Und dabei war es amüsant zu beobachten, wie die anderen Mädchen es akzeptierten. Sie waren zutiefst empört, die Armen. Ihr Anstandsgefühl zügelte sich in empörtem Erstaunen. Solange sie in der Lage gewesen waren, Fräulein einfach und einheitlich als ein Beispiel völliger Verderbtheit zu betrachten – ein Exemplar der britischen Variante ihrer eigenen Spezies –, hatten sie keinen Hehl daraus gemacht, sie freundlich zu loben. Sie war *pas mal, très bien, très gentille* , *très comme il faut* , sogar *très chic* . Aber sofort kam ihnen der Verdacht in den Sinn, dass vielleicht doch der Schein getäuscht hatte und sie sich als völlig vertikales Mitglied der Gesellschaft erweisen könnte – da mussten sie notgedrungen den Kopf über sie schütteln und ihr Verhalten verheulen -An. Was! Wie! eine respektable, unverheiratete Frau, – eine *Demoiselle, du Monde, – eine junge Frau bien élevie* , – allein nach Paris gekommen, – ohne Begleitung im Hôtel de l' gewohnt. céan et de Shakespere , – Hob und Nob vertraut mit dir und mir, – lass dich von Tom, Dick und Harry *unterrichten* ! *Aber , allons Donc* , es war wirklich viel zu schamlos. Und sie spielten meine Damen Steyne und Bareacres ihrer unzulänglichen Rebecca vor; sahen sie schief an, als sie das Zimmer betrat, zogen ihre kostbaren Röcke an, wenn sie an ihr vorbei mussten, versammelten sich in Ecken, um über sie zu sprechen, und waren, um es gut zu sagen, zutiefst und aufrichtig schockiert. Denn hier unten gibt es keine strengeren Moralisten, keine sorgfältigeren Verfechter der Pflaumen und Prismen der Konventionalität als diese schädlichen, unnötigen Katzen, die Zélies und die Germaines des *Quartier-Latin.*

„ *Mais, enfin , si c'est vrai ,- si elle Europäische Sommerzeit réellement comme , ça , nest- ce pas,— mais c'est une honte* “ , war einer ihrer Refrains; und „ *Elle manque complètement de pudeur alors* “ war ein anderes; Darauf der Refrain: „ *Oh, pour sur!* ”

Und das arme kleine Fräulein konnte es nicht verstehen. Sie bemerkte die kalte und strenge Zurückhaltung, mit der sie ihr begegneten, spürte ihre halb unterdrückte Missbilligung in der Atmosphäre und suchte vergeblich nach ihrem Gewissen, um herauszufinden, was sie hätte tun können, um sie zu verärgern, und war, fürchte ich, eine Zeit lang äußerst unglücklich.

Wir Männer verfluchten uns unterdessen für Dummköpfe, kauten den scharfen Keim der Reue und versuchten auf hundert verlegene, ungeschickte Weisen, Wiedergutmachung zu leisten. Für einen Außenstehenden wäre es unterhaltsam gewesen, uns zu beobachten; die Ehrerbietung, mit der wir mit ihr sprachen und ihr zuhörten, das Interesse, das wir an ihrer Arbeit zeigten, die unzähligen kleinen Höflichkeiten, die wir ihr entgegenbrachten. Alles in allem waren die Sünden, die wir ihr gegenüber begangen hatten, hauptsächlich metaphysischer Natur; Es war eher das, was wir gedacht hatten, als das, was wir getan hatten. Aber ich weiß nicht, ob unsere Reue deswegen weniger heftig war; wir hatten so viel nachgedacht. Wir stellten uns eine eigene Schwester in ihrer Position vor und verspürten das rasende Verlangen, den Männern auf die Köpfe zu schlagen, die es hätten wagen sollen, an sie zu denken, wie wir ganz lässig und ohne Sinn für Wagemut an Fräulein Unsere gedacht hatten Die größte positive Übertretung war der Redespielraum, den wir uns am Table d'hôte erlaubt hatten; und die Wirkung davon wurde glücklicherweise (nein Dank an uns) durch die Armut ihres Französisch neutralisiert . Aber obwohl dieser Umstand unsere Rettung war, bin ich mir nicht sicher, ob er unsere Reue nicht noch verstärkt hat. Wir machten uns ihre Grenzen zunutze und suchten Zuflucht in ihrer Unwissenheit; und das hatte einen unangenehmen Beigeschmack von Hinterhältigkeit .

Unsere Sehnsucht nach Wiedergutmachung wurde durch die Notwendigkeit, sowohl ihr als auch uns selbst zuliebe zu verhindern, dass sie jemals erraten musste, wie (oder auch nur) wir sie beleidigt hatten, noch komplizierter. Nicht zu gestehen bedeutet, sich der besseren Hälfte der Sühne zu entziehen; Doch ein Geständnis war in diesem Fall unmöglich, es war zwingend erforderlich, etwas zu verbergen. Dass, wenn sie auch nur einen Schimmer der Wahrheit erfahren würde, dies uns für immer in ihrer Wertschätzung zerstören würde, war eine Überlegung, aber eine unbedeutende im Vergleich dazu, wie ihre Gefühle sein müssen, um zu erkennen, was für einen Platz sie hatte fand kürzlich bei uns statt. Nein, sie darf niemals raten. Mit dem Bewusstsein in unserem Herzen, dass wir eine Art intellektuelles Unrecht an ihr begangen hatten, und in unserem Geist ein lebendiges Bild davon, wie die Dinge anders verlaufen würden, wenn sie es nur wüsste, müssen wir weiterhin fröhlich ihr Lächeln und ihr Wohlergehen genießen Gnaden und versuchen Sie, so zu wirken, als hätten wir das Gefühl, dass wir sie verdient haben. Es war unverblümte Heuchelei, es war ein Spiel mit falschen Vorwänden ; aber es war Hobsons Entscheidung. Wir konnten nicht einmal aufhören, mit ihr zu reden, damit sie sich nicht über die Veränderung wunderte und von der Verwunderung zur Überlegung überging.

„Eines müssen wir allerdings tun", sagte Chalks, „wir müssen sie aus diesem sogenannten Hotel herausholen." Beschuldigt, wenn ich erraten kann, wie sie jemals hierher gekommen ist."

Das war, bevor wir den Reiseführer in ihrem Zimmer gefunden hatten, lange bevor wir ihre einfache Geschichte gehört hatten, die alles erklärte.

„Wir haben uns wie ein Rudel Hunde verhalten, das ist meine Meinung", fuhr Chalks fort. „Und jetzt müssen wir ins Büro des Kapitäns gehen und uns niederlassen."

Seine Rhetorik war verwirrt, aber ich wage zu behaupten, dass wir die Idee verstanden haben.

„In letzter Zeit benehmen wir uns wie ein Rudel Pudel", warf jemand ein, „wir folgen ihr, schleichen uns zu ihren Füßen, holen und tragen sie."

„Na ja, und hätten wir das nicht tun sollen ?" fragte Chalks. „Gibt es hier einen Herrn, dem das nicht gefällt?"

„Oh nein, ich habe den Umstand nur als Quelle der Salbung erwähnt", sagte der Sprecher.

„Chalks hat recht. „Wir müssen sie aus dem Hotel holen", stimmte Campbell zu. „Sie darf nicht länger dem Kontakt mit diesen kleinen Biestern von Mimis ausgesetzt werden ."

„Das ist alles schön und gut, aber wie sollen wir das schaffen?" fragte Norton. „Wir können ihr nicht das Wort geben, umzuziehen, ohne zu sagen, warum. Und so wie ich es verstehe, ist das genau das Letzte, was wir tun wollen."

„Wir wollen sie aus dem Dreck befreien, ohne dass sie merkt, dass sie darin steckt", sagte ein anderer.

„Ja, das ist der Teufel daran", gab Chalks zu. „Aber ich sage dir was", fügte er mit einem Hauch von Inspiration hinzu. „Warum nicht von der anderen Endrunde aus arbeiten? Werde die Mimis los und lass Fräulein aufhören?"

Dieser Vorschlag war so radikal, so revolutionär, dass wir geneigt waren, ihn mit Spott zu begrüßen. Aber Chalks stand zu seinen Waffen. "Wie es geht?" er weinte. „Warum, boykottieren Sie sie ? Machen Sie diesen Laden zu heiß, um sie festzuhalten . Kultiviere die Kunst, *höllisch unangenehm zu sein* . Sie werden schnell genug verschwinden. Dann kann es nicht schaden, wenn Miss bis zum Ende der Zeit bleibt."

„Was wird Madame sagen?"

„Oh, wir können ihre Plätze mit Kerlen besetzen. Ich werde unter den Männern in der Schule Werbung machen. Einfach genug, um ein halbes Dutzend einzupacken."

„Aber was ist mit Lucile?" – Lucile war, wie man sich erinnern wird, Madames Nichte.

„Das ist so", gestand Chalks für einen Moment verwirrt. „Lucile ist der Haken. Aber im Großen und Ganzen denke ich, dass auch Lucile gehen muss. Ich werde einen Mann einstellen, den ich kenne, der ihr Zimmer haben möchte. Madame lässt nicht zu, dass das Familiengefühl dem Handel im Wege steht. Vor allem der Himmelspilot wird das nicht tun, er nicht. Und ich würde gerne wissen, wer der Boss dieser ganzen Sache ist, wenn nicht Monsieur Abbé? So wie es aussieht, besteht zwischen ihm und Lucile keine lose Liebe. Lassen Sie einfach einen Mann auftauchen und nach ihrem Zimmer fragen, Madame wird sie wie eine heiße Kartoffel fallen lassen."

Aber vor der Mühe , solche Pläne in die Tat umzusetzen, hat uns eine Mikrobe gerettet: Eine Maus kann einem Löwen dienen. Die Hälfte unseres männlichen Kontingents erkrankte an der Grippe, und unsere Damen, darunter auch Lucile, flohen unaufhaltsam vom Schiff. Sie hatten Angst vor der Infektion; und das Haus war so melancholisch wie ein Krankenhaus; Da der Lärm unterdrückt wurde, konnten sie ihre Freunde nicht richtig unterhalten. Außerdem glaube ich, dass sie froh genug über die Gelegenheit waren, der Nähe von Miss zu entfliehen. Sie hatte ein Element Ozon in unsere moralische Atmosphäre eingebracht; ihre Systeme waren nicht daran gewöhnt; es erfüllte sie mit einem unbestimmten *Unwohlsein* : Sie machten Pause, um üblere Luft zu holen.

Und aus dieser Krise ging Miss stark hervor. Sie legte alle Geschäfte und Ausreden beiseite und ernannte sich zu unserer Krankenschwester.

Den ganzen Tag und fast auch die ganze Nacht war sie dabei: Sie flog von Zimmer zu Zimmer, verabreichte diesem Mann Medikamente, las ihm vor, sprühte Eukalyptus überall hin und rannte zum Arzt, wenn es so aussah, als ob jemand an die Reihe gekommen wäre zum Schlimmsten – kurz gesagt, mit verschwenderischer, unermüdlicher Hand feuernde Kohlen auf unsere Köpfe zu häufen. Als wir aus unseren Krankenbetten aufstanden, war jeder unserer Muttersöhne totenverliebt in sie. Von da an bis zum Ende ging sie mit ihrem Leibwächter wie eine Königin umher; und es gab keinen von uns, der nicht sein Leben gegeben hätte, um ihr Schmerzen im kleinen Finger zu ersparen; und unsere Belohnung war ihr Lächeln. Es ist anzumerken, dass sie unsere Hingabe mit der gleichen ruhigen Unbewusstheit gegenüber allem Außergewöhnlichen akzeptierte, die sie früher unserer zweifelhaften Höflichkeit entgegengebracht hatte. Sie trug ihre Krone und schwang ihr sanftes Zepter wie eine Purpurgeborene, während ihre Untertanen sich gegenseitig in ihrem Eifer übertrafen, ihr zu gefallen.

Mittlerweile hatten wir ihre Vorgeschichte erfahren; wir hatten es aus einer Vielzahl kleiner, beiläufiger Äußerungen zusammengesetzt. Ihr Vater war vor etwa fünf Jahren bankrott gegangen; und sie war als Gouvernante bei einer englischen Familie in den äußersten Westen Amerikas gegangen, wo sie eine Rinderfarm besaßen; und nun war sie auf dem Heimweg, um eine neue Verlobung zu suchen; und sie unterbrach ihre Pilgerreise mit einer Kunstsaison in Paris (sie hatte schon immer ihre natürliche Begabung für die Malerei kultivieren wollen); und sie hatte sich für das Hôtel de l ' entschieden. céan et de Shakespere , weil ihr Reiseführer es empfohlen hat.

Nun hatte Norton eine Schwester, die mit einem Gutsbesitzer in Derbyshire verheiratet war; und eines Tages bewarb sich diese gute Dame in der *Times* um eine Gouvernante; und Miss, die solche Anzeigen im Auge behielt (und in Neals Bibliothek ging, um die englischen Zeitungen zu studieren), war gerade im Begriff, darauf zu antworten, als Norton mit einem „Lass mich diesen Brief für dich schreiben“ unterbrach. Mrs. Clere ist zufällig meine Schwester." Natürlich Miss hat den Platz bekommen; und um es anzunehmen und ihre Pflichten zu erfüllen, verließ sie uns letzte Nacht.

Ich verfolge sie in Gedanken auf ihrer Reise und stelle mir ihre Ankunft in dem großen, respektablen, langweiligen Landhaus vor; und ich frage mich, ob sie es ein wenig bereuen und ab und zu liebevoll an Madame Bourdons Hotel und den zerlumpten Kameradenstab denken wird, den sie hier zurückgelassen hat. Im Moment ist die Rue Racine eine abscheuliche Leere, und ich bin krank vor Sehnsucht nach dem Paris von gestern.

Der Trauermarsch einer Marionette

„ *Elle est morte et n'a point vécu* . "

Wer kennt nicht das Gefühl, das einen gewöhnlichen Menschen befällt, wenn er ein vertrautes Zimmer betritt, in dem während seiner Abwesenheit eine Veränderung vorgenommen wurde? – ein Möbelstück verschoben, ein alter Wandbehang abgenommen, ein neues Bild aufgehängt? – dieses neckende Gefühl der Fremdheit, das, wenn es dem Geschäft des Augenblicks untergeordnet ist, dennoch unangenehm formlos anhält, bis zum Beispiel das leitende Genie des Ortes fragt: „Wie gefällt Ihnen die Art und Weise, wie wir das Klavier bewegt haben?" oder es passiert etwas anderes, das das bloß vage Gefühl des Leidenden in eine Wahrnehmung kristallisiert ; Danach kann sein Geist wieder zur Ruhe kommen?

Als ich heute Morgen aufwachte, hier in meinem eigenen schmuddeligen, möblierten Zimmer, in dieser äußerst schmuddeligen Herberge, hatte ich ein Erlebnis, das ganz dem ähnelte, was ich andeuten möchte: Etwas schien falsch und ungewöhnlich, etwas hatte sich über Nacht geändert. Das war umso verwirrender, als meine Tür verschlossen und verriegelt geblieben war, seit ich mich ins Bett gelegt hatte; und *innerhalb* des Raumes gibt es schließlich nicht viel zu ändern; nur das Bett selbst und der Schrank und mein Schreibtisch und mein Waschtisch und meine beiden heruntergekommenen Stühle; und diese waren immer noch dort, wo sie hingehören. Ebenso die schäbigen grünen Fenstervorhänge, das giftige grüne Papier an den Wänden, der düstere grüne Baldachin über meinem Kopf. Dennoch verfolgte mich während des Aufbrühens und Trinkens meines Kaffees und bei den ersten paar Zügen meiner Zigarette ein verlockendes Gefühl von etwas, das sich verändert hatte, von etwas, das weggenommen wurde, von einer ungewohnten Leere. Dann setzte ich meinen Hut auf, ging „zur Schule" und vergaß es.

Aber als ich am Nachmittag zurückkam, stellte ich fest, dass meine seltsame psychische Störung, was auch immer die Ursache sein mochte, nicht aufgehört hatte zu wirken. Kaum hatte ich an meinem Tisch Platz genommen und angefangen, meine Notizen zu ordnen, überkam mich, wenn möglich, stärker als je zuvor, dieses unerklärliche Gefühl der Leere im Raum, der Fremdheit, eines gewohnten Verschwindens von *etwas* . Was könnte es bedeuten? Es war beunruhigend, ärgerlich; es beeinträchtigte meine Arbeit. Ich muss es untersuchen und ihm ein Ende bereiten, wenn ich könnte.

Aber genau in diesem Moment wurde der Strom meiner Ideen vorübergehend unterbrochen, als jemand an meine Tür klopfte. Ich rief: „

Entrez! Und da trat eine junge Dame ein: eine junge Dame in Schwarz, mit schmutzigen gelben Bändern und einer kleinen künstlichen Blüte auf ihren Wangen. Der Effekt wurde jedoch durch eine Reihe fleischfarbener Grate gemildert, die ihn durchzogen; und da die Augen der jungen Person außerdem rot und feucht waren, schloss ich daraus, dass sie Tränen vergossen hatte . Ich sah sie zwei oder drei Sekunden lang an, ohne zu begreifen, wer sie war; aber bevor sie ihr „ *B'jour , Monsieur* " ausgesprochen hatte , erinnerte ich mich: Madame Germaine, die Freundin der armen kleinen Zizi, meiner Nachbarin . Und dann wurde mir blitzartig der Grund für mein seltsames, dumpfes Gefühl klar, dass in meiner Umgebung etwas nicht so üblich war: *Ich hatte Zizi nicht husten gehört!* Das war es! Zizi, das arme kleine Mädchen im Nebenzimmer – hinter der Tür, an der mein Schrank steht –, die seit drei Monaten das Haus kaum verlassen hat, sondern ununterbrochen gehustet, gehustet, gehustet hat: so dass ich jede Nacht eingeschlafen bin , und jeden Morgen wachte ich auf und ging jeden Tag meinen häuslichen Beschäftigungen nach, zu diesem beunruhigenden Geräusch. Oh, unser Leben hier im Viertel besteht nicht nur aus Kuchen und Bier; wir haben unsere Langeweile , genau wie der Rest der Menschheit; und wenn wir zu arm sind, um unsere Unterkunft zu wechseln, müssen wir uns damit begnügen, geduldig zu bleiben – welche Geräusche auch immer unsere Nachbarn machen wollen.

Wie dem auch sei, der Anblick von Madame Germaine in ihrem schmutzigen Gewand löste für mich mein Problem: Zizi hatte nicht gehustet. Und ich sagte mir: „Ah, dem armen kleinen Ding geht es besser und er verbringt den Tag im Freien." (Es war ein wunderschöner Tag, mild wie der April, wenn auch mitten im Winter; und meine Schlussfolgerung war daher nicht übertrieben.) „Und Madame Germaine", fuhr ich schnell fort, „ist gekommen, um sie zu sehen; und als er sie wegfand, hat er bei mir vorbeigeschaut."

Unterdessen stand meine Besucherin still, gerade noch auf der Schwelle, und blickte mich feierlich, fast vorwurfsvoll, aus ihren großen, vorspringenden Augen an: Augen, die, obwohl sie immer viel mehr als genug hervorstanden, jetzt, geschwollen durch das jüngste Weinen, fast bereit zu sein schienen, ihre Augenhöhlen zu verlassen . Warum hatte sie geweint, fragte ich mich. Dann begann ich unser Gespräch mit einem fröhlichen „Zizi, nicht wahr?"

„ *Ah, m'sieu ! Ah, la pauv 'Zizi!"!* war ihre Antwort in einer Art hysterischem Keuchen; und zwei neue Tränen rollten über ihre Wangen und fügten ihrem Rouge noch mehr Schaden zu. Sie trat ein paar Schritte vor und ließ sich in meinen Sessel fallen. „ *La pauv 'petite!* „Sie schluchzte. Ich war natürlich verwirrt und ein wenig beunruhigt. "Was ist es? Was ist los?" Ich fragte. „Zizi ist doch nicht schlimmer? Ich habe sie den ganzen Tag nicht husten gehört."

„Oh nein, M'sieu , es geht ihr nicht schlechter. Oh nein, sie – sie ist tot.“

Von meinem Interview mit Madame Germaine muss ich nicht mehr erzählen, obwohl es eine gute halbe Stunde länger dauerte und ausreichend lebhaft war. Ich kann Ihnen den Schock, den ihre Ankündigung in mir auslöste, nicht beschreiben, ebenso wenig wie die Kälte und Verzweiflung, die mich seitdem überwältigt hat. Zizi – tot? Zizi und Tod! – die Begriffe sind zu schrecklich widersprüchlich. Ich schaue auf die Tür, die unsere Zimmer trennt – die Tür, durch die ich früher so viele Gelächter und Liedfetzen gehört habe, wenn Zizi sie bewirtete – sie nannte sie „Freunde“; und zuletzt ihr heiseres, unnachgiebiges Husten – ich schaue auf die Tür, und eine Art Kälte und Schwärze scheint von ihren Rändern hereinzukriechen; Und dann stelle ich mir die dunkle Kammer dahinter vor, mit dem offenen Fenster, und Zizis kleine Gestalt ausgestreckt auf dem Bett, starr und tot – der arme kleine zwitschernde, plappernde, zotzige Zizi! Oh, es ist schrecklich. Und all ihr Kram, Zwei-Cent- Schnickschnack um sie herum, ihr Beruf war verschwunden: ihr Scheinschmuck und ihre Volants und ihre kitschigen Pelze und Spitzen und ihre Puderquasten und Rougetöpfe – obwohl Zizi erst gegen Ende annahm zum Rouge. Es ist, als würde man einem sagen, dass eine *Puppe* tot ist: Können solche Dinge *sterben?* Sie sind also nicht völlig unmenschlich?

Sie haben Eingeweide? bestehen aus echtem Fleisch und Blut? kann man echte Schmerzen empfinden? und – und sterben? Hier sind Sie und ich, ernsthafte Leute, nicht ohne ein gewisses Gespür für die Feierlichkeit und das Geheimnis der Schöpfung Gottes, hier arbeiten wir immer noch am ersten Grad unserer Arcana: dem Leben; Und da drüben lügt dieser kleine Blödsinn , der dem Zweiten zugegeben wurde! Sie hat die schrecklichen Portale passiert , sie hat das Wunder des Todes vollbracht! Sie war eitel und oberflächlich und hart: sie war bösartig: sie war schamlos in ihrer Rede wie in ihrem Verhalten: sie war zwar lebhaft, fröhlich und hübsch, aber sie hatte keine Zuneigung, keine Illusionen, keine Reue ; und Lügen fielen wie Kröten aus ihrem Mund, wann immer sie ihn öffnete: Und doch ist sie tot! Und morgen werden sich Frauen (die zu ihren Lebzeiten vor ihr wie vor etwas Pest zurückgeschreckt wären) ehrfürchtig bekreuzigen, und Männer (die es getan hätten... ach ja, es ist am besten, sich nicht daran zu erinnern, was die Männer tun würden getan haben) werden anständig ihre Köpfe entblößen, während ihr armer Sarg auf dem Weg zum Friedhof durch die Straßen getragen wird. Ist es nicht schrecklich? Reicht es nicht völlig aus, einen Kerl zu deprimieren, ihn nüchtern zu machen, wenn es nur eine dünne Trennwand gibt, die von einer Tür durchbrochen wird, um ihn von einer solchen Todeskammer zu trennen? – Warten Sie ; Ich muss dir etwas über Zizi erzählen, da ich sie kenne.

Lange bevor unsere persönliche Bekanntschaft begann, sah ich sie hier und da im Viertel: auf den Bullier- Bällen oder im Café Vachette , oder bei schönem Wetter im Luxembourg oder in der Boule- Miche : und bewunderte sie als Einzigartigkeit harmloses Exemplar ihrer Klasse. Das waren ihre besten Tage. Ihr „Freund" war ein Jurastudent aus dem Quartier Marbouf mit einer Tasche voll Geld und einem Spitzbart. Sie war die kleinste aller möglichen kleinen Frauen, nicht höher als das Herz ihres Jurastudenten, falls er eines hatte; und er war nur ein mittelgroßer Franzose. Sie war sehr zierlich gebaut und hatte schöne Hände und Füße; Sie hatte viele schwarze Haare und ein Paar leuchtend schwarze Augen. Ihr Gesicht war blass und zweifellos ein interessantes Gesicht: keck, wenn Sie so wollen, und ungeheuer schelmisch, aber es zeugte von Witz, von Intelligenz, sogar von Humor und Leidenschaft: ein höchst ungewöhnliches Gesicht, mit Charakter darin – ich glaube, das kann ich sogar mit Auszeichnung sagen. Es war ein Gesicht, das man überall bemerkt hätte, und man hätte sich gefragt, wer und was sein Besitzer sein könnte. Und dann kleidete sie sich immer sehr gut, sehr zurückhaltend: in raffinierten Grau- oder Schwarztönen: An ihrer Kleidung war absolut nichts zu erkennen, was ihren Platz in der Weltwirtschaft verraten hätte: Wenn man sie auf der Straße gesehen hätte, hätte man sie für ein völlig tadelloses kleines Mädchen gehalten Hausfrau, mit einem ungewöhnlich interessanten Gesicht. Ich sah sie in allen Vergnügungsstätten des Viertels, wollte sie bewundern und auf träge, melancholische Weise über sie spekulieren. Dann verließ ich die Stadt für den Sommer; und als ich letzten September zurückkam, habe ich mich hier im Hôtel du Saint Esprit niedergelassen.

Am ersten Morgen nach meiner Ankunft wurde ich von seltsamen, aber eindeutigen Geräuschen geweckt, die durch die Tür hinter meinem Schrank drangen; ein schrilles Lachen und ein paar zähe Ausrufe, die mir keinen Zweifel über das Geschlecht und die Qualität meiner Mitbewohnerin lassen konnten. Ein oder zwei Stunden später begegnete ich Zizi auf dem Treppenabsatz; und der Concierge teilte mir mit, dass sie die Mieterin des Nebenzimmers sei. Eine solche Nachbarschaft würde Sie in London oder New York in Angst und Schrecken versetzen, aber wir denken nicht an viel schlimmere Unfälle hier im Quartier Latin von Paris. Danach hörte ich nachts und morgens und insbesondere in den frühen Morgenstunden, in denen beides oder keines von beiden eigentlich war, Zizis Lachen hinter unserer Trenntür; ihr Lachen oder ihre dünne kleine Stimme, die sich zu einem dummen Lied erhob, oder das Gemurmel leichtfertiger Gespräche, das manchmal den Höhepunkt der Wut erreichte, denn ich vermute, dass Zizis Temperament unsicher war; und dann, zunächst selten, aber immer häufiger wiederkehrend, bis es zur ganz dominierenden Note wurde, ihr harter, trockener, quälender kleiner Husten.

Elinor war ungefähr zu dieser Zeit in Paris. Zu meiner großen Freude war sie gekommen, um den Herbst und vielleicht auch den Winter zu verbringen; und sie war sehr darauf bedacht, dass ich ihr etwas von den Schattenseiten des Lebens hier zeigen sollte. Sie hatte am anderen – dem rechten und dem falschen – Ufer des Flusses Unterkunft genommen; und jeden Nachmittag, wenn meine Tagesarbeit getan war, gesellte ich mich zu ihr dorthin, und wir unternahmen gemeinsam kleine Ausflüge nach Böhmen. Im Moment war ich außerordentlich rot; Ich hatte fast zweihundert Pfund Bargeld; und das war eine Hilfe. Natürlich nahm ich sie mit ins Moulin Rouge, was ihr Ekel bereitete, da ich sie davor gewarnt hatte; und zum Chat Noir, der sie amüsierte; und ich hatte das Glück, zwei Plätze für eine Aufführung im Théâtre Libre zu bekommen, was sie gleichzeitig amüsierte und abekelte; und ich machte sie mit den prachtvollen Bauwerken von Bullier bekannt ; und wir machten zusammen lange, schöne Spaziergänge im Luxembourg, wo sie die Spatzen mit Krümel nährstoffarmen Brotes fütterte ; und wir haben zusammen in unzähligen lustigen Restaurants zu Mittag gegessen, gegessen und zu Abend gegessen; und ab und zu schlenderten wir im hohen Norden, im Osten oder im Süden herum; und Pousset kannte uns und Vachette ; und manchmal, aus Spaß oder der *Bequemlichkeit* der Sache, schauten wir bei der *Demigomme* des Café de la Paix vorbei : und sie wäre rundum glücklich und zufrieden gewesen, bis auf einen einzigen unerfüllten Wunsch. Sie wollte mit einem Mitglied der Schwesternschaft von *Sainte Grisette Bekanntschaft machen* ; Als literarische Frau wollte sie sehen, wie so eine Person aussehen würde. um sich zu überzeugen, ob sie so schwarz waren, wie ich sie gemalt hatte, denn ich hatte sie tatsächlich sehr schwarz gemalt.

„Nun", sagte ich schließlich, „es wird Ihnen leid tun, aber da Sie kein Nein als Antwort akzeptieren, werde ich sehen, was getan werden kann."

Dann wartete ich eines Nachmittags nach Vereinbarung auf sie, genau in diesem Café de la Paix , wen sollte ich eintreten und in einem Hinterzimmer niederlassen sehen, wenn nicht meine Nachbarin Zizi und ihre Freundin der Bänder, Madame Germaine? „Wenn Elinor ankommt", dachte ich, „und wenn ihr Herz immer noch an so etwas hängt, werde ich ihr Zizi vorstellen: denn Zizi ist so harmlos, wie ein Mikroorganismus ihrer Art nur sein kann." Elinor kam einen Moment später: schön, stark, anmutig und rein wie ein Maimorgen: und ich schlug ihr das Maß vor; und ihre sofortige Entscheidung war: „Oh ja, auf jeden Fall." Also drangen sie und ich ins Hinterzimmer ein und setzten uns an den Tisch neben Zizi. und plötzlich warf mir Zizi einen kleinen, verstohlenen Blick zu und lächelte; und damit lud ich sie und ihre Begleiterin ein, zu uns zu sitzen.

„Madame erlaubt?" fragte Zizi und hob die Augenbrauen, erstaunt über die Großzügigkeit einer Mitfrau. Elinor lächelte zustimmend; und die beiden *étudiantes* standen auf und stellten sich vor unsere eigene Marmorplatte. Ich fragte sie, was sie mitnehmen würden; Natürlich bekamen sie jeweils eine *Menthe à l'eau* . Aber obwohl ich versuchte, das Gespräch ihrem Geschmack und Niveau anzupassen, fühlten sie sich nicht ganz wohl. Die Anwesenheit von Elinor, die sie, obwohl sie allein mit einem Mann im Café de la Paix war , mit halbem Auge als einen Vogel ganz anderer Feder als sie selbst erkennen konnten, brachte sie ziemlich in Verlegenheit. Ihr Wunsch, vor ihr gut zu erscheinen, ihr entschlossenes, bestes Verhalten banden ihnen die Zunge und machten sie überaus langweilig; Denn wenn sie nicht üppig mit gallischem Salz gewürzt sind , sind sie unvorstellbar fade, diese kleinen Soubrettes in der Komödie des Bösen. Bevor wir uns trennten, hatte ich sie jedoch für den folgenden Sonntag zum Frühstück mit uns verpflichtet. Wir sollten uns alle mittags bei Fousset auf dem Boulevard treffen und von dort aus zur Abbaye de Thélème weiterfahren , wo ich einen *Kabinettsbevollmächtigten* beauftragen würde .

Die Abbaye de Thélème ist das riskanteste aller Restaurants in einem äußerst riskanten Viertel: Aber Elinor wollte die Schattenseiten des Pariser Lebens kennenlernen, und ich war entschlossen, sie ein für alle Mal mit einer drastischen Portion davon zufrieden zu stellen.

„ *Voyez-vous* “, hörte ich Zizi flüsternd prahlen, „es ist Frauen verboten, alleine in dieses Café zu kommen.“ Aber ich bin ein ehrliches Mädchen. Der *Gérant* kennt mich. Sie haben keine Einwände gegen mich oder meine Freunde. *Adieu, Madame.* *„Au revoir, proche* “ – das letzte für mich. *Proche* , in der Tat! Aber im Quartier Latin wird das Wort oft als Ersatz für *voisin verwendet* . Dann zog Zizi ihr kleines Ich aus , gefolgt von Germaine.

„Nun“, fragte ich, sobald Elinor und ich allein waren, „ist dein Durst nach Erfahrung gestillt? Bist du endlich glücklich?“

„Ich bin von Verwirrung überwältigt. Wer hätte gedacht, dass es sich nicht einfach um zwei gewöhnliche Bürger handelte? Es war nichts Aufrührerisches oder Schockierendes an ihnen.“

"Was! Das Rouge? Die Bänder? Die hervortretenden Augen?“

„Oh, daran habe ich nicht gedacht. Ich mochte sie nicht besonders. Dennoch sah selbst sie nicht schlechter aus als – nun ja, eine Verkäuferin. Aber der andere, der Kleine. Es hätte mich nicht überraschen sollen , sie irgendwo zu treffen – bei Madame Ihre Manieren waren so zurückhaltend, fast englisch. Und ihr Gesicht – es ist ein Gesicht, das einem überall auffallen würde. So zart, raffiniert, so urig und interessant. *Sie* schminkt kein Rouge. Und so schöne Haare! Oh, ich bin mir sicher, dass sie voller guter Eigenschaften ist. Was für eine Schande und was für ein Schrecken ist es, dass... dass... man dazu neigt, das ganze Geschlecht zu verabscheuen.“

Elinors Kommentar wurde zu diesem Zeitpunkt zu einer Klage, deren Wiederholung irrelevant wäre. „Ich muss sie dazu bringen, mir ihre Geschichte zu erzählen", lautete die Schlussfolgerung.

„Oh, sie wird dir ihre Geschichte schnell genug erzählen, aber ich warne dich, es wird ein Haufen Lügen sein. Die Wahrheit liegt nicht in ihnen, diesen kleinen Marionetten. Machen Sie sich keine Illusionen über sie. Das Beste, was man über sie sagen kann, ist, dass sie ein ziemlich harmloses Beispiel für eine schrecklich schlechte Klasse ist. Die Grisette von Musset, von Henry Murger , existiert nicht mehr, selbst wenn sie jemals existiert hätte. Heute hat sich Zizi gut benommen . Am Sonntag hoffe ich im Interesse der Wissenschaft, dass sie davonkommt und ihr böses kleines Ich sein wird. Ja, ihr Gesicht ist bemerkenswert, aber es ist ein absurder Zufall, ein Ausrutscher der Natur: Keine der Eigenschaften, die es anzudeuten scheint, ist irgendwo in ihr zu finden – weder Witz noch Humor noch Emotionen. Sie ist nur eine etwas zu kleine Katze; kein Kätzchen: Sie hat nichts von der unschuldigen Sanftmut eines Kätzchens: eine untergroße, harte, lebhafte kleine Katze. Allerdings kann sie ziemlich amüsant sein, wenn sie erregt ist; und am Sonntag werden wir wahrscheinlich ein fröhliches Frühstück haben." Aber hierin erwies ich mich als falscher Prophet. Wir waren noch beim *Vorspeisenessen* , als Zizi anfing zu weinen. Sie hatte gehustet; und Elinor hatte sie gefragt, ob sie eine Erkältung hätte; und diese Frage löste eine Flut von Tränen aus. Das war entmutigend. Es ist immer entmutigend, eine dieser Kreaturen alles andere als fröhlich und leichtfertig zu sehen: Ernsthafte Gefühle sind so grob, so grell, im Widerspruch zu Ihrer Voreinschätzung von ihnen, zu der Stimmung, in der Sie sich ihnen nähern. Und doch weinen sie viel , zumeist jedoch aus reiner Bosheit oder ärgerlicher Eitelkeit; oder vielleicht auch Hysterie, denn sie sind erschreckend anfällig für das, was sie *Crisis de nerfs nennen* . Aber Zizis Tränen waren jetzt von anderem Wasser. Hatte sie eine Erkältung? Oh nein, es war noch schlimmer. Der Arzt sagte, ihre Lunge sei betroffen; und wenn sie ihre Lebensweise nicht schnell änderte, musste sie in einen Niedergang geraten. Und dies, bitte, war das Gericht, das auf unserem Tisch stand, dort im vulgären *Cabinet Particulier* dieses schattigen Restaurants, unter dem Kristallgasalier und zwischen den vier mit Diamanten besetzten Spiegeln, die die Wände bedeckten – das war das Gericht, das uns noch vor den Austern serviert wurde; und Sie können sich daher vorstellen, mit welchem Appetit wir die guten Dinge angegriffen haben, die danach kamen. Der Arzt hatte ihr gesagt, dass sie ihre Ausschweifungen unbedingt für mindestens sechs Monate unterbrechen und sich ausruhen, sich erholen *und* „sich satt" machen müsse, sonst würde sie mit Sicherheit *poitrinaire werden* . „Und nichts tun? Wie kann ich? *Faut vivre, parbleu !* „Ihr jetziger Freund, erklärte sie, war an der School of Mines; seine Familienrente betrug nur zweihundertfünfzig Franken im Monat; er war alles

Gute, er würde sein Möglichstes für sie tun; aber sie konnte nicht von den zweihundertfünfzig Franken leben, die er ihr im Monat ersparen konnte.

Daraufhin geriet sie in einen regelrechten hysterischen Anfall; und Elinor hatte alle Hände voll zu tun, um sie wieder zu sich zu bringen. Hysteriker sind ansteckend; und Madame Germaine saß an ihrem Platz und schluchzte hilflos – nicht aus Mitleid, sondern aus Ansteckung –, während ihre Tränen auf ihren Teller fielen.

Ich sah, dass Elinor sehr verzweifelt war, und ich verfluchte den uninspirierten Moment, als ich dieses Fest arrangiert hatte. „Schrecklich, schrecklich!“ murmelte sie, schüttelte den Kopf und sah mich mit schmerzerfüllten Augen an. Als Zizi endlich wieder ruhig war, fragte Elinor: „Es macht Ihnen nichts aus, wenn ich mit Monsieur auf Englisch spreche?“ und sagte dann zu mir: „Das ist ganz schrecklich. Wir müssen etwas für sie tun. Wir müssen sie vor der Schwindsucht bewahren; und vielleicht können wir sie gleichzeitig erlösen und eine gute Frau aus ihr machen. Sie hat es in sich.“

Ich respektierte Elinors Aufrichtigkeit zu sehr, um über den utopischen Charakter ihres Optimismus zu lachen: Deshalb verzichtete ich auf die letzte ihrer Bemerkungen und antwortete nur auf die erstere. „Ich würde gerne alles Mögliche für sie tun, aber ich sehe nicht genau, was möglich *ist* . Außerdem glaube ich nicht, dass sie vom Konsum bedroht ist, genauso wenig wie ich. Dies ist eine Pose, um sich in Ihren Augen interessanterweise erbärmlich zu machen und etwas Geld zu verdienen. Du wirst sehen, sie wird mir fünfzig Franken abschlagen. Es ist die Summe, die sie normalerweise verlangen. Und sie möchte vorher Ihre Zustimmung für das Geschenk gewinnen.“

Tatsächlich hob Zizi ihr tränenüberströmtes Gesicht, dessen Züge ganz aufgeblasen und violett waren, und sagte in diesem Moment mit einem Wimmern, das selbst das sanfteste Herz hätte verhärten sollen: „Wenn Monsieur mir ein wenig Geld geben könnte – ein paar.“ Louis – eine Fünfzig-Franken-Note? Ich könnte Medikamente und andere Dinge kaufen.“

„Unsinn“, sagte ich brutal; „Du würdest *Chiffons* und so etwas kaufen.“

Sie lachte, ohne es zu beleidigen, und warf mir einen wissenden Blick zu, protestierte aber: „Noch *nicht, sérieusement , je veux me soigner* .“ Dann wandte sie sich an Elinor und flehte sie überredend an: „Madame, sagen Sie ihm, er soll mir fünfzig Francs geben – *gießen Sie mir Soigner ein* .“

„Nein“, antwortete Elinor; „Er wird dir keine fünfzig Francs geben, aber das ist es, was er tun *wird* , was *wir* tun werden.“ Wenn Sie den Anweisungen des Arztes Folge leisten, Ihre Freunde zu ihren Geschäften schicken und vorerst ein völlig normales Leben führen, werden wir dafür sorgen, dass es Ihnen in den nächsten sechs Monaten an nichts fehlt. Danach, *nous verrons !*

Das ist es, was wir Ihnen vorerst anbieten: sechs Monate, in denen Sie sich jede Chance auf eine Heilung geben können. Nur während dieser sechs Monate – *faut etre sage* ."

Natürlich fing Zizi wieder an zu weinen; und natürlich konnte sie nichts Geringeres tun, als Madames Vorschlag mit einem Anflug von Überschwänglichkeit anzunehmen; obwohl ich der Aufrichtigkeit ihrer Annahme misstraute; Sie hätte die fünfzig Francs viel lieber eingesteckt und wäre mit uns fertig geworden.

Elinor und sie begannen, verschiedene praktische Details zu besprechen. Gutes und reichliches Essen, warme Kleidung, gesunde Unterkunft: Das waren die drei Wünsche, die Elinor verordnete. Was Letzteres betrifft, versicherte uns Zizi, dass sie sie bereits hatte – „ da ich im selben Haus wie Monsieur wohne", erklärte sie überzeugend.

Aber Elinor war nicht überzeugt. „Sind Ihre Zimmer nach Süden ausgerichtet?" war die Frage, auf der sie bestand.

Nun hatte Zizi von den Himmelsrichtungen und solchen abstrusen Dingen im Allgemeinen nicht mehr Ahnung als ich vom Sanskrit; doch: „Oh ja, mein Zimmer gibt dem Mittag nach", antwortete sie, ohne mit der Wimper zu zucken. „Und auf jeden Fall ist es ein sehr schönes Zimmer. – Kommen Sie und sehen Sie es sich an", fügte sie impulsiv hinzu. „Ich würde entzückt sein, es dir zu zeigen."

„Ich nehme an, dass alles in Ordnung sein wird?" fragte Elinor von mir.

„Oh, nicht schlimmer als die anderen", gab ich zu.

Also nahmen wir ein Taxi und wurden zur Rue St. Jacques gefahren . Madame Germaine trennte sich von uns an der Schwelle des Speisehauses. „Ich habe eine Verabredung im Parc Monceau ", teilte sie uns in der Offenheit ihres Herzens mit. Zizi verspottete sie viel, während wir durch die Stadt fuhren. „Ihre Bänder – *was ?* Ihre Brillenaugen! Überhaupt nicht *„comme il faut"* . Aber ein mutiges Mädchen. Sie liebt mich wie eine Schwester. Monsieur lächelt. Nein, Ehrenwort , es ist nicht so, wie Sie denken." Wenn ich so gedacht hätte, wie Zizi dachte, hätte ich nicht lächeln sollen; aber man konnte von ihr natürlich nicht erwarten, dass sie das verstand. „Arme Germaine! Ihr richtiger Name ist Gobbeau , Marthe Gobbeau . Sie ist dumm und hässlich, aber sie ist gutmütig", was vielleicht mehr war, als man mit der Wahrheit von ihrem kleinen Kritiker sagen könnte. „Ihre Mutter ist *Gesamtwerkerin* im Théâtre de Belleville."

„Und ihr Vater?" fragte Elinor.

"Ihr Vater!" rief Zizi und wollte gerade weitermachen, als ihr der Gedanke kam, Elinors Unkultiviertheit zu respektieren. Sie zwinkerte mir verstohlen zu und sagte ernst: „Oh, ihr Vater wohnt im 21. Arrondissement." Elinor war sich nicht bewusst, dass es nur zwanzig Arrondissements in Paris gab, und so konnte sie weder die Doppeldeutigkeit noch die Antike dieser Ausflüchte erkennen .

Zizis Zimmer war genau wie tausend andere Zimmer im Quartier Latin, allerdings etwas luxuriöser als die meisten anderen: viel luxuriöser als meines zum Beispiel. Zunächst hatte sie einen Teppich, ihr Privatbesitz, einen nüchternen Brüsseler Teppich, der fast den gesamten Boden bedeckte; dann hatte sie vier Stühle, jeder praktisch und einigermaßen frisch aussehend; Ihr Bett war mit einer Bettdecke aus purpurroter Seide geschmückt, und auch die Vorhänge darüber waren purpurrot. Die Wände waren im vorherrschenden Stil ihrer Klasse und Epoche dekoriert, mit Tamburinen, Spielzeugtrompeten, leeren Bonbonschachteln usw., die an Blechnägeln aufgehängt waren. Aber der Haupteindruck, den man von dem Zimmer hatte, war der von Sauberkeit und Ordnung: Zizi war, trotz aller Ausrutscher, Französin.

„Wie sehr ordentlich es ist, wie außerordentlich ordentlich", murmelte Elinor offensichtlich überrascht.

Zizi lächelte selbstgefällig – mit dem, was man richtigen Stolz nennt. „ *Pas mal, hein ?" Ärsche schick, oder?"* fragte sie, während ihre Augen triumphierend schnappten.

„Ja", gab Elinor zu, „es ist sehr schön, aber – es sieht genau nach Norden aus."

Und sie entwickelte ihre Lieblingsthese über die Hygiene, die besagte, dass es niemandem gut gehen könne, der in einem Raum lebte, in dem es keine Sonne gab, mit der Begründung, dass Zizi ihr Quartier wechseln müsse. Morgen, Montag, muss sie ein Zimmer finden, das wirklich „bis zum Mittag" reicht; und um drei Uhr trafen wir sie bei der Vachette und gingen mit ihr zur Besichtigung. Natürlich mussten wir die Miete bezahlen.

„Meine liebe Elinor", sagte ich, als wir uns von Zizi verabschiedet hatten, „es tut mir leid, dich entmutigen zu müssen, aber deine wohlwollenden Pläne werden scheitern. Sie wird ihre Unterkunft nicht ändern, und sie wird ihre Lebensweise nicht ändern. Wir hätten ihr viel besser ein wenig Bargeld gegeben und sie losgeworden. Das Bemühen , respektabel zu sein, und sei es auch nur *vorübergehend , würde sie zu sehr ermüden.* Du hast voreilig versprochen, dafür zu sorgen, dass es ihr an nichts mangelte. Kannst du sehen, dass sie sehr aufgeregt ist? – das ist der Atem ihrer Nasenlöcher. Morgen wird sie sich zurückziehen; Sie wird Ihnen sagen, dass sie Ihr größeres Angebot im Großen und Ganzen nicht annehmen kann, und wird ihre Bitte um fünfzig Francs erneuern."

„Wenn ich das nicht wüsste, würde ich denken, dass du ein vollkommen seelenloser Zyniker bist", entgegnete Elinor.

Aber ob Zyniker hin oder her, ich hatte recht. Als Elinor zustimmte, Zizi am nächsten Tag in Vachettes zu treffen , hatte sie eine frühere Verabredung vergessen, an die sie sich später erinnerte; Also ging ich allein zum Rendezvous, allerdings mit der vollen Befugnis, so zu handeln, wie ich es für richtig hielt. Zizi war eine Viertelstunde zu spät, aber das störte sie offenbar nicht; Jedenfalls entschuldigte sie sich nicht dafür, dass sie mich warten ließ. Sie beeilte sich, mir mitzuteilen, dass sie ihre Unterkunft unmöglich wechseln könne; Sie hatte nicht einmal nach anderen gesucht: Zum einen wollte ihre Mutter nichts davon hören; und dann – ihre Freunde? Sie alle haben auf die eine oder andere Weise Mütter, auch wenn diese Vorstellung unpassend erscheint: Ich vermute aber, dass es nur natürlich ist. Zizi war eine alte, *weise Frau mit violettem Gesicht* aus der Umgebung von Montmartre. Sie habe sich mit ihrer Mutter beraten, sagte sie, und diese wollte nichts davon hören, dass sie ihren Wohnsitz wechselte. Und dann – ihre Freunde? Wenn sie zu ihr kamen und feststellten, dass sie umgezogen war, waren sie unzufrieden; Sie würden ihr nicht folgen. Geschäft ist schließlich Geschäft, aber in unserer Jugend wurde uns beigebracht, dass Freundschaft das nicht ist. Jedenfalls sah Zizi voraus, dass sie bei einem Umzug ziemlich ohne Freunde sein würde. „Aber mein Zimmer ist sehr gut. Wenn Sie und Madame mich unterstützen wollen, warum unterstützen Sie mich dann nicht dort?"

Ich wiederholte, vielleicht eher schwach, Elinors Vortrag über die Vorteile des Sonnenlichts; und auf jeden Fall, sagte ich ihr, obwohl Madame und ich sie „unterstützen" wollten, lehnten wir es entschieden ab, uns diesen Genuss zu gönnen, es sei denn, sie nahm ein sonniges Zimmer: Was wir wirklich wünschten, war, ihr zu helfen, gesund zu werden; wir waren davon überzeugt, dass sie in nördlicher Richtung nicht gesund werden könnte; und wir hatten keinerlei Lust, unser Geld aus dem Fenster zu werfen. Mir war ziemlich klar, dass sie begonnen hatte, unseren Beweggründen zu misstrauen: Solch ungewohnte Freundlichkeit, solch rücksichtslose Extravaganz trugen auf ihren Gesichtern einen misstrauischen Ausdruck.

„ *Et cette dame?* ", fragte sie. „ *Cette anglaise? Qu est-ce Was veut ich ? Elle est ta maîtresse , hein ? Femme mariée , oder? Et toi , avec to petit air Sainte- Nitouche , va !* Ich sage Ihnen was: Geben Sie mir etwas Geld, fünfzig Franken, um Medikamente zu kaufen und einen Arzt zu bezahlen. Aufleuchten! Fünfzig Franken – das ist nicht viel.

„Ja, das ist es, meine Liebe", erwiderte ich. „Es ist eine tolle Menge, wie Sie sehr gut wissen. Aber dennoch: Wenn Sie den Teil bevorzugen, obwohl Sie das Ganze haben könnten, ist das Ihre Sache; und deshalb werde ich es dir geben. Bedenken Sie jedoch, dass damit die gesamte Transaktion beginnt und endet. Wir geben dir fünfzig Franken, aber wir werden dir nie wieder einen Penny geben." Dann schmuggelte ich einen Fünfzigfrankenschein in ihre hübsche kleine Hand, schmuggelte ihn, damit die Kellner und die anderen *Genießer* es nicht sahen.

Aber solch eine falsche Scham störte Zizi nicht. Sie strich den Zettel glatt, hielt ihn gegen das Licht und prüfte ihn genau. Nachdem sie sich davon überzeugt hatte, dass es sich nicht um eine Fälschung handelte, stopfte sie es in eine kleine silberne Handtasche, verschloss die Handtasche mit einem Druckknopf und vergrub sie in einer okkulten Frauentasche. Schließlich drehte sie ihr Gesicht zu meinem und sagte: „ *T'es bon, toi* . " Das wird dir Glück bringen. Küss mich." Ich vermutete, dass das Café ein zu öffentlicher Ort zum Küssen sei. Der Fünfzig-Franken-Schein strahlte seine wohlige Wärme durch ihren kleinen Körper aus, und sie wurde ziemlich munter und lachte und plauderte sehr angenehm mit mir. „Warum kommst du nie zu mir, da wir im selben Haus wohnen?" Sie war so freundlich, zu fragen. Und sie versuchte, mich auf ungezogene und anzügliche Weise über Elinor, ihre Wohltäterin, aufzuklären.

Aber Zizi wurde bei ihrem Abstieg nach Avernus ins Straucheln gebracht. Ihr Husten wurde immer schlimmer; ihre Wangen wurden hohl, ihr ganzes Gesicht sah eingefallen aus; Ihre Figur verlor ihre Elastizität. Sie wandte sich Rouge und Puder zu und führte Falsettnoten in ihre Toilette ein. Als sich ihr Gesundheitszustand verschlechterte, ließen auch ihre Freunde sie im Stich: Husten und Fieber sowie unnatürlich helle Augen sind störende Elemente und belasten die Freundschaft. Sie musste nach neuen Ausschau halten und konnte auf den Boulevards ein gutes Geschäft machen. Wann immer sie Elinor und mich am Horizont erspähte, drängte sie sich auf uns zu und bettelte um Geld: Und sie erspähte uns immer und tauchte immer wieder auf; es schien, als wäre sie unseren Schritten gefolgt. So wirfst du dein Brot auf das Wasser, und es kommt in der Fülle der Zeit zu dir zurück. Sie war Französin, wie ich bereits bemerkt habe, aber sie zeigte keinerlei Diskretion und keinen Respekt vor Orten oder Anlässen. Nicht selten waren ihre vertrauten Anfeuerungen auf uns daher peinlich. Mit der Zeit entwickelte sie die unbeschwerte Angewohnheit, in die Vachette zu gehen , zu bestellen, was sie wollte, und es auf mein Konto verbuchen zu lassen; und ich musste protestieren. Schließlich erfuhr sie Elinors Adresse und besuchte sie . Aber Elinor wollte am nächsten Tag nach London fliegen; Daraus wurde also nichts. Das war im Dezember; und Anfang desselben Monats begann Zizi, ihr Zimmer zu behalten. Sie war wahrscheinlich sehr krank; sie hustete ständig. Sie hustete viel, wenn es nicht nötig war, und quälte sich nur, ohne ihre arme Brust zu entlasten, ganz zu schweigen von der Nervosität ihrer Nachbarn . Ich habe sie immer gedrängt, ihren Husten zu kontrollieren und nicht zu husten, wenn sie es verhindern konnte; aber Selbstbeherrschung jeglicher Art lag außerhalb ihrer Tradition; und sie hustete immer beim kleinsten Impuls. Hin und wieder, wenn es ihr etwas besser ging und das Wetter günstig war , zog sie ihr Rouge und ihre Pracht an und ging hinaus – zum „ *pécher à la ligne* “, wie sie es ausdrückte. Als sie dann wieder eintrat, hörte ich verzweifelte Versuche zu singen und zu lachen, die unweigerlich in langen, erbärmlichen Hustenanfällen endeten.

Und jetzt ist alles vorbei; Zizi ist tot; und ich bin so schockiert, als ob das Ereignis folgenlos und unerwartet gewesen wäre, als hätte sie in den vergangenen drei Monaten nicht ständig ihr Leben ausgehustet. Nun ja, die Schwierigkeit besteht darin, die eigene Vorstellung von Zizi mit etwas in Einklang zu bringen, das nicht eitel, hohl und erfunden ist, mit etwas Natürlichem und Aufrichtigem; und der Tod ist so schrecklich natürlich, so schrecklich aufrichtig. Ich wage zu behaupten, dass sie zum ersten Mal seit ihrer Geburt etwas Aufrichtiges, etwas Echtes getan hat – sie ist gestorben!

Der verlorene Vater.

Seine Frau war vor etwa fünfundzwanzig Jahren gestorben und hinterließ ihm einen kleinen Sohn auf den Händen; und sie hatte ihm das Versprechen abgenommen, dass der Junge als „guter Amerikaner“ erzogen werden sollte.

Er, der arme Mann, war ein schrecklich schlechter Mensch. Das Wort selbst, wie er es aussprach, vergaß zum Beispiel, sich auf Hurrikan zu reimen; Und damit niemand geneigt sein sollte, das besagte Vergehen nachsichtig zu betrachten, beeile ich mich hinzuzufügen, dass er beharrlich das *e* im Schreiber im Gegensatz zum *i* im Dolch klingen ließ. Außerdem (die Heimlichkeit des Details kann man seiner Bedeutung verzeihen) erlitt er, dass seine Nase als Instrument zur Kommunikation von Ideen ungenutzt verfiel und verkümmerte.

Und er lebte in London und gab dreist zu, dass es ihm dort besser gefiel als New York.

Ein ernsthafter alter Freund, der ihm aus dem Ausland schrieb, um ihm Vorwürfe zu machen, sprach von Pflichtgefühl und Patriotismus und erhielt die freche Antwort:

„Pflicht, meine Liebe, ist die letzte Schwäche großer Geister; und Patriotismus, wie er jedenfalls bei unseren reisenden Landsleuten zum Ausdruck kommt, die ich auf britischem Boden getroffen habe, verdirbt gute Manieren. Von den Patrioten selbst kann ich sagen, ebenso wie von den verschiedenen Vögeln, Rednern, Opern und Frauen, dass man sie vielleicht sehen, aber auf keinen Fall hören sollte; und wenn ich nicht sprechen könnte, würde ich nicht leben wollen.“

Grundsätzlich schockierte das alles seine junge amerikanische Frau (ein Mädchen aus Massachusetts, die in der strengsten Sekte der Nationalreligion aufgewachsen war), obwohl sie in der Praxis fast genauso schamlos war wie er. Jedenfalls akzeptierte sie freudig einen Wohnsitz in England und verzichtete darauf, Vergleiche anzustellen; tatsächlich wäre es, wenn sie solche gezogen *hätte* , nicht unvorstellbar, dass diese weniger zu einer Herabwürdigung des älteren Landes geführt hätten, als man sich hätte wünschen können. Aber dann wurde sie krank und starb und wurde von Heimweh heimgesucht; und schöne Erinnerungen an das Land ihrer Kindheit riefen eine Art trübe Reue für den kleinen Platz hervor, den sie in letzter Zeit in ihrer Zuneigung eingenommen hatte; Sie suchte blind nach etwas in der Art einer Sühne und nahm ihrem Mann das Versprechen ab, dass der Junge in einer amerikanischen Schule und am Harvard College zu einem guten Amerikaner erzogen werden sollte.

Anschließend transportierte er das Baby und seine Amme zur Beacon Street in Boston und deponierte sie bei den Eltern der toten Dame. Und sobald er anständig nach England zurückgebracht werden konnte; und es vergingen fünfundzwanzig Jahre, in denen weder Vater noch Sohn den Atlantik überquerten.

Ich fürchte, man muss zugeben, dass er ein sehr, sehr frivoler junger Mensch war; er trug sein Alter ebenso unbekümmert wie seine Handschuhe und seinen Spazierstock und wäre aufrichtig überrascht gewesen, wenn jemand etwas anderes von ihm gesprochen hätte jung, obwohl er siebenundfünfzig war.

Mit einem Vermögen von lächerlichen fünfhundert im Jahr lebte er, der noch nie einen Sixpence verdient hatte, mit halb so vielen Tausend. Er habe nie Zeit gehabt, sagte er; er war zu sehr damit beschäftigt gewesen, nichts zu tun; er hatte keine Muße für produktive Industrie gefunden. Mit Tees und Abendessen und Tänzen, mit Besuchen in Landhäusern und Spritztouren über den Kanal, mit Lesen und Gesprächen, Träumen und Schlafen waren seine Tage und Nächte zu voll gewesen; und so musste er den Saldo seiner Ausgaben erhöhen, indem er den größten Teil seiner Schulden unbezahlt ließ. Um sein Taschengeld zu verdienen, griff er auf sogenannte umgekehrte Nachrufe zurück. Sein Sohn würde eines Tages durch das Erbe seiner Großeltern mütterlicherseits ein reicher Mann sein; und er würde es sicherlich nicht ablehnen, nach dem Tod seines Vaters ein solches gestempeltes Papier zu kaufen, das das Autogramm seines Vaters tragen könnte; und die Juden (eine Rasse, die immer große Hoffnungen auf die Nachwelt setzte) waren angesichts dieser Aussicht glücklich, ihn mit sechzig Prozent pro Jahr aufzunehmen.

Er war groß, schlank und locker gebaut und neigte dazu, in seltsam verdrehten Stellungen herumzulungern, als hätte er zwei Gelenke; Daraufhin wurde ein Freund dazu gebracht, ihm vorzuschlagen, dass er, wenn er in Schwierigkeiten steckte, einen ehrlichen Penny verdienen könnte, indem er sich als Kautschukmann für eine Wandermenagerie einschrieb. Einer seiner Augen begegnete der Welt ungepanzert , mit einem völlig leeren Blick; das andere schimmerte zweideutig hinter einer kreisförmigen Glasscheibe. Er hatte eine seltsame, musikalische, ziemlich pfeifende Stimme, in der er Absurditäten mit einem so klagenden, müden, verwöhnten Kinderton hervorbrachte, dass er anzudeuten schien, dass sein Verstand schwankte und die Stimmung unter einer fast unerträglichen Last der Müdigkeit und Enttäuschung sank; Daher war es für einen Fremden nicht leicht zu erkennen, ob seine Äußerungen lustig oder nur belanglos waren. Ich erinnere mich, dass ich, als ich ihn zum ersten Mal kennenlernte, eine oder zwei Minuten lang dachte, ich sei auf einen müden Idioten gestoßen, dann auf einen Amüsanten und schließlich auf einen Inspirierten. Manche Leute brandmarkten ihn als Snob, andere als eine Art metaphysischen Lebemann, aber alle waren sich einig, dass er ein unterhaltsamer Mann war.

Er hatte das bisher unverständlich erscheinende Motto seines Hauses „ *Estre que fayre* " übersetzt – „ Sein statt tun". *Sein Ziel im Leben war es* , ein rundum hochentwickelter Sterblicher zu sein – ein Gelehrter, ein Kenner, ein guter Redner, ein liebenswürdiger Begleiter, ein gesundes Tier –, so nahe, dass man von ihm sagen könnte, dass er hatte ein Ziel. Und deshalb spielte er Golf (es war herzzerreißend, wie schlimm es war, wie er sagte), interessierte sich intelligent für Fußball, las alles (außer der Übertreibung!) und hielt sich darüber auf dem Laufenden, was in der Musik und Malerei gemacht wurde. Skulptur und Keramik : Kurz gesagt, sie engagierten sich stark für alle Formen der unentgeltlichen Kultur. Das Theater mied er, weil er die Schauspielerei im besten Fall nur als ein schlechtes Abbild der kreativen Künste ansah und im schlimmsten Fall, wie er behauptete, wir hätten sie heutzutage, als bloße Infektionskrankheit des Nervensystems . Er würde auch nicht jagen, schießen, fischen oder Fleisch essen, weil es, wie er erklärte, unangenehm wäre, sich als Raubtier betrachten zu müssen. Er hatte jedoch einen geschickten Koch und ernährte sich jeden Tag üppig mit Nahrungsmitteln wie Regenpfeifereiern und Trüffeln, Milch, Honig, Früchten und Blumen (ist die mühsame Artischocke nicht eine Blume?) sowie einfachem Brot und Käse, halbiert serviert Hundert köstliche Verkleidungen. Er aß freilich sechs oder sieben Abende in der Woche auswärts; aber das waren für ihn Barmecide-Feste, und wenn er nach Hause kam, konnte er zu Abend essen. Als er aufs Land ging, nahm er statt seines Mannes seinen Koch mit; und die Leute langweilten sich mit seinen Exzentrizitäten, weil er amüsante Dinge sagen konnte.

Er war ein Genießer, wenn auch Vegetarier, ein Zyniker auf eine gütige, unbedeutende Art und ein Pessimist, wenn auch ein debonairer.

„Ein wenig heiterer Pessimismus hilft hier unten sehr", pflegte er zu drängen. „Es bringt einen über viele schwierige Orte hinweg. Ist es Ihnen jemals in den Sinn gekommen, darüber nachzudenken, wie viel schlimmer die Welt wäre, wenn sie nicht so schlimm wäre?"

Gelegentlich strahlte sein Pessimismus zweifellos in einer weniger fröhlichen Farbe auf: zum Beispiel, wenn ihm das Geld ausging und er von Duns unter Druck gesetzt wurde. „Wie viele edle Kerle haben treu gekämpft, um ein Leben in süßem Nichtstun zu führen, und sind der grausamen Gier der Händler zum Opfer gefallen! Soll ich einer von ihnen sein?" fragte er sich in solchen Momenten traurig.

Er war der unermüdlichste aller Menschen, wenn er Beschäftigungen ausübte, die völlig nutzlos waren, wie zum Beispiel Picknicks zu organisieren, auf Partys zu gehen, Paradoxien zu erfinden oder Tee zu trinken; aber wenn es um alles ging, was auch nur annähernd in die Sphäre des Sollens ging, war er der Trägste und neigte am meisten zum Aufschieben. Viel zu träge zum Beispiel, um ein möglicher Korrespondent zu sein – es sei denn, er wandte sich an einen Geldverleiher oder eine Frau –, woraus sich ergab, dass er und sein Sohn einander nur oberflächlich und kurz geschrieben hatten und es auf erschreckende Weise wussten wenig vom Gemütszustand des anderen. Vor drei oder vier Jahren war der Junge, der seinen Abschluss in Harvard gemacht hatte, einen Augenblick kurz vor dem Entschluss gestanden, seinen Vater zu überfahren und ihm einen Besuch abzustatten; Aber dann hatte er beschlossen, damit zu warten, bis er „die erforderliche Anzahl von Semestern an der juristischen Fakultät absolviert hatte, um sich seine Zulassung als Anwalt zu sichern", wie er es ausdrückte.

Nun schien die erforderliche Zahl erreicht zu sein, denn Anfang Mai, zusammen mit den ersten Hauchen warmer Luft, dem Schimmern der Sonne und dem Rattern der Kutschenräder im Park, erhielt der ältere Mann einen Brief, der wie folgt lautete :—

„Mein lieber Vater,

„Sie werden sicher froh sein zu erfahren, dass ich meine Abschlussprüfungen bestanden habe und in Kürze das Recht haben werde, den LL zu unterschreiben. B. nach meinem Namen, sowie zur Ausübung der Gerichtspraxis.

„Ich beabsichtige, am 1. Juni mit der *Teutonic nach Europa zu segeln* und etwa am 8. in London anzukommen. Ich möchte den Sommer mit Ihnen in England verbringen, mich mit den britischen Institutionen vertraut machen und im Herbst durch Frankreich und Deutschland und nach Italien reisen, um den Winter zu verbringen. Aber natürlich sollte ich meine Pläne Ihrer Revision unterziehen.

„Meinem Großvater und meiner Großmutter geht es sehr gut und ich liebe dich.

„Dein liebevoller Sohn,

„Harold Weir."

„Der Junge scheint etwas Humor zu haben ", dachte der ältere Weir über diesen Brief. „‚Britische Institutionen' ist ziemlich drollig. Und wenn sein Stil ein wenig steif wirkt, liegt das nur an der Jugend und einer juristischen Ausbildung. Ich vertraue jedoch auf Providence, dass er möglicherweise kein LL hat. B. auf seiner Karte eingraviert ; – diese Amerikaner sind zu allem fähig. Ich werde mich jedoch freuen, ihn zu sehen."

Und er begann sich angenehm vorzustellen, wie viel Spaß es ihm machen würde, einen gut ausgestatteten jungen Mann von fünfundzwanzig Jahren zu haben, dessen Taschen voller Geld waren (dafür sorgte der Großvater mütterlicherseits, Gott sei Dank), mit dem er herumtollen konnte; und er freute sich fast sehnsüchtig auf den 8. Juni. Sie würden die Saison gemeinsam in der Stadt ausklingen lassen, anschließend eine Runde auf dem Land machen und sich dann auf den Kontinent begeben; und wenn man die eine Überlegung mit der anderen vergleicht, wäre das ein Riesenspaß. Dass Harold gut aufgestellt war, wusste er von einem Foto. Seine einzige Angst hinsichtlich des Aussehens betraf seine Hautfarbe . Das könnte ein Versuch sein. Er würde jedoch hoffen, dass dies nicht der Fall sei; und überhaupt müssen wir in dieser Welt das Bittere mit dem Süßen verwechseln.

Er ging nach Euston (nachdem er eine telegrafische Warnung von Liverpool erhalten hatte), um den Jugendlichen auf dem Bahnsteig willkommen zu heißen; und er wusste nicht so recht, ob er erfreut oder bestürzt sein sollte, als er ihn aus einem Abteil der dritten Klasse des Zuges treten sah. Es war natürlich klug, in der dritten Klasse zu reisen; Aber wie könnte ein junger Amerikaner, frisch aus der Demokratie, sich dieses etwas undurchsichtigen Kanons aristokratischer Manieren bewusst sein? und könnte der Umstand daher nicht auf Sparsamkeit oder einen vulgären Geschmack schließen lassen?

Er hatte jedoch keinerlei Zweifel an der Art der Emotionen, die Harolds *Hut* in ihm hervorrief; Denn es war nicht nur ein „Topper", sondern – als ob die Anreise von Liverpool in einem Topper allein nicht genug wäre – es musste auch ein Topper eines ausgefallenen, unenglischen Modells sein; und er schauderte bei der Vermutung, für was für ein bürgerliches Provinzwesen die Leute diese letzte Frucht seines sanften Stammbaums verwechselt haben könnten. Er scheuchte den Hutträger außer Sichtweite in seinen Brougham und gab den Befehl zum Fahren.

„Aber mein Gepäck?" rief der Sohn.

„Oh, mein Mann wird hinten anhalten und sich darum kümmern. Geben Sie ihm Ihre Quittung."

Abgesehen von seinem Hut war Harold wirklich ein sehr ansehnlicher Kerl, groß und breitschultrig, mit einem klaren Auge, einer gesunden braunen Haut und einer großzügigen Menge gut geschnittener brauner Haare; und im Großen und Ganzen war er nicht schlecht gekleidet: so dass ihm sofort das Herz seines Vaters warm wurde. Seine Wangen und Lippen waren glatt rasiert, wie die eines Schauspielers oder eines Priesters, wodurch seinen Mundlinien eine gewisse Steifheit verliehen wurde. Auch er hielt sich ziemlich steif und reckte sich aufrecht; aber da sein Vater einen ähnlichen Effekt in der Haltung vieler unauffälliger junger Männer aus Oxford und Cambridge bemerkt hatte, führte er dies auf die Mode einer Generation zurück, was er aber nicht tat lass es zu, dass es ihn quält.

„Ich hatte keine Ahnung, dass Sie eine Kutsche haben“, bemerkte Harold nach einer Pause.

„Oh, ich würde mich mit Taxifahrten ruinieren, wissen Sie“, erklärte Weir.

„Ich nehme an, London ist eine ziemlich liebe Stadt?“

„Oh, dafür – schockierend!“

„Ich bin in der dritten Klasse in die Autos eingestiegen. Ich möchte den Menschen nahe sein, während ich hier bin, und selbst sehen, wie ihr Status im Vergleich zu unserem ist. Ich möchte mir einen gründlichen Überblick über die wirtschaftliche Lage Englands verschaffen und sehen, ob die Behauptungen von David A. Wells zum Freihandel wahr sind.“

„Ah, ja – ja“, antwortete sein Vater ein wenig bestürzt. Aber die Stimme des Jungen war nicht unangenehm; sein Akzent war, wenn man bedenkt, woher er kam, viel besser, als man hätte erwarten können; und was seine Reden und seine Wortwahl angeht: „Ich muss dich von deinen Amerikanismen heilen“, fügte der hoffnungsvolle Elternteil hinzu.

"Herr?" fragte der Sohn und starrte.

„Nennen Sie mich zunächst einmal nicht Sir. Reservieren Sie das den Königen. Ich sagte, ich muss versuchen, Sie von einigen Ihrer Amerikanismen zu befreien.“

"Oh ich weiss. Die Engländer sagen „railway“ für „railroad“ und „box“ für „truhe“.

„Ah, wenn es dort begann und endete!“ seufzte Weir.

„Aber ich verstehe nicht, warum unser Weg nicht so gut ist wie ihrer. Wir haben eine Bevölkerung von sechzig bis dreißig Millionen , und –“

„Ach komm, jetzt! Verwirren Sie das Argument nicht durch die Einführung von Zahlen.“

Aber Harold starrte ihn so angestrengt an, dass ihn das Gewissen seines Vaters ein wenig quälte, und er fragte mitfühlend: „Ich fürchte, du nimmst das Leben ziemlich ernst, nicht wahr?“

„Ja, sicherlich“, antwortete der junge Mann ernst. „Ist das nicht der richtige Weg?“

„Oh Gott sei Dank, nein. Es ist ein zu düsteres Geschäft. Der richtige Geist, es aufzunehmen, ist von unziemlicher Leichtfertigkeit.“

„Ich glaube nicht, dass ich dich verstehe – es sei denn, du machst Witze.“

„Du musst ein bisschen lockerer werden, das ist alles“, erklärte sein Vater. „Aber ich sage, wir müssen dir einen anständigen Hut besorgen. Später am Tag werde ich Sie zum Tee zu Mrs. Midsomer-Norton begleiten. Nun hör doch mal bei einem Hutmacher auf.“ Und er gab seinem Kutscher die nötigen Anweisungen.

„Was ist mit dem Hut los, den ich trage?“

„Diese Form tragen wir in London nicht.“

„Was kostet ein neues?“

„Ich weiß es nicht. Ich bin sicher. Fünfzwanzig Schilling schätze ich.“

„Nun, das hat mich vor etwa drei Wochen in Boston acht Dollar gekostet. Finden Sie es nicht übertrieben, sich so schnell ein neues anzuschaffen?“

„Oh, verdammt die Extravaganz. Es muss uns gut gehen , was auch immer wir tun.“

Diesmal lag in Harolds Blick ein deutlicher Anflug von Schmerz; und er bewahrte ein reumütiges Schweigen, bis der Brougham bei Scott vorfuhr. Er folgte jedoch seinem Vater in die Werkstatt und überließ sich unbeirrt der Montage. Als es ans Bezahlen ging, machte er ein sehr langes Gesicht und schien echte mechanische Schwierigkeiten zu haben, die nötige Münze aus seiner Handtasche zu quetschen.

„Jetzt siehst du aus wie ein Christ“, versicherte sein Vater, als sie wieder in die Kutsche stiegen.

„Aber ich hasse es, Geld wegzuwerfen.“

„Um Himmels willen, erzähl mir nicht, dass du geizig bist.“

„Ich glaube nicht, dass es richtig ist, Geld wegzuwerfen.“

„Das ist ein Vorurteil aus New England. Hier wirst du es bald hinter dir haben.“

"Ich weiß nicht. Ein Mann sollte niemals verschwenderisch sein – vor allem nicht mit dem, was er nicht verdient hat.“

„Ah, da kann ich dir nicht zustimmen. Wenn ein Mann sein Geld *verdient hätte* , könnte er natürlich eine gewisse Zuneigung dazu empfinden und es behalten wollen. Aber diejenigen, die wie du und ich in ihren Opfern völlig stellvertretend sind und das ausgeben, wofür andere Leute geplündert haben, können es sich leisten, königlich freihändig zu sein.“

Harold gab keine Antwort, aber es war offensichtlich, dass ihn für den Rest der Fahrt eine Last im Kopf hatte.

Bei Mrs. Midsomer-Norton schien sich die Verwirrung und Melancholie des jungen Mannes in etwas zu vertiefen, das nicht weit von Entsetzen entfernt war, als er sich zu einer Gruppe um seinen Vater formierte und diesen singenden Gesang hörte, mit einer Miene äußerster Müdigkeit und leichtfertiger Miene Konsequenzen .

Es war ein kleiner Mann anwesend, mit einem dicken weißen Gesicht und einem großen roten Haarschopf, den die anderen den Barden nannten; und er kündigte an, dass er ein Gedicht schreibe, in dem es notwendig sei, in einer einzigen Zeile eine allgemeine Definition der Frau zu geben; und er forderte die Firma auf, ihm zu helfen.

„Frau", jammerte Weir träge, während er sich an den Kaminsims lehnte, „Frau ist – so süßer Kummer."

Es gab ein Gelächter, in das sich Harold jedoch nicht einlassen konnte. Dann rief der Barde: „Das ist zu abstrakt." und Weir erwiderte gedehnt: „Oh, wenn man sie anhand der Materie definieren muss, dann ist die Frau eine Ansammlung von Stecknadeln." Harold verschwand in einer Ecke, um seine Scham zu verbergen. Er hatte das Gefühl, dass sein Vater sich auf unverschämte Weise zum Narren hielt.

Der Barde rollte sich mit gekreuzten Beinen wie der bärtige Türke auf dem Kaminvorleger zusammen und wiederholte einige Verse. Er nannte sie „Villanelle" und sagte, sie seien „hinter den Franzosen".

„Ich habe meinen Seidenschirm verloren,

Jemand anderes hat es zweifellos gefunden:

Ich würde den Kerl gerne fangen!

„Oder es könnte eine Femella sein

Lassen Sie ihre Faszination darauf ausstrahlen.

Ich habe meinen Seidenschirm verloren.

„Männlich oder weiblich, Beau oder Hella ,

Wer hat es gewagt, es zu beschlagnahmen?

Ich würde den Kerl gerne fangen!

„Apropos Tourterella !

Ich würde lieber eine Partitur verlieren, sie verderben.

Ich habe meinen Seidenschirm verloren.

„Es war neu und es war großartig !

Wenn ich seinen Kopf hätte, würde ich ihn zerschlagen,

Ich würde den Kerl gerne fangen.

„Höre auf mein Ritoumella ,

Aus tiefstem Herzen erkläre ich es:

Ich habe meinen Seidenschirm verloren,

Ich würde den Kerl gerne fangen.

Jeder lachte; aber Harold fand die Verse albern und uninteressant und voller eitler Wiederholungen; und er wunderte sich, dass erwachsene Männer und Frauen ihre Zeit mit solchen Trivialitäten verschwenden konnten.

Auf dem Heimweg stellte er seinen Vater zur Rede. „ Natürlich haben Sie die Dinge, die Sie im Haus dieser Dame gesagt haben, nicht so gemeint?“ er begann.

"Warum? Habe ich etwas gesagt, was ich nicht hätte sagen sollen ?“

Harold runzelte verwundert die Stirn über die Grammatik seines Vaters und antwortete streng: „ Du hast eine Menge Dinge gesagt, die du nicht so gemeint haben konntest. Eine Lüge rechtzeitig gesagt, spart neun.“ Sie sagten, Beständigkeit sei die letzte Zuflucht eines Schurken. Du hast viele Dinge gesagt, an die ich mich nicht erinnern kann, die mir aber ziemlich seltsam vorkamen.“

„Oh, wir sind eine furchtbar ausgelassene Gruppe, wissen Sie“, erklärte Weir. Dann drehte er sich für einen Moment zur Seite, um einen aufdringlichen Kutscher loszuwerden, der hundert Meter weit hinter ihnen hergeschlendert war, während der Fahrer ihnen von seinem „Schwanz“ Einladungen überschüttete. —“ Nein, ich *lasse mich nicht* fahren. Ich werde geführt, aber nicht getrieben“, sagte er entschlossen. „Aber du wirst dich an uns gewöhnen“, fuhr er fort und wandte sich an seinen Sohn.

„Willst du damit sagen, dass die Leute in deinem Set immer so sind? Es gab dort keinen einzigen Menschen, mit dem man sich ernsthaft über irgendetwas unterhalten konnte.“

„Das wollte ich sicher nicht“, protestierte sein Vater.

Aber der Kommentar des Sohnes ließ sich nicht ablenken. „Ich fragte diesen Herrn, den sie Major nannten, was seiner Meinung nach die Wirkung von rauchlosem Pulver auf die zukünftige Kriegsführung sein würde; und er sah völlig gelähmt aus und sagte, er wisse es nicht, er sei sich sicher. Und dieser Parlamentsabgeordnete aus Sheffingham , ich fragte ihn, wie viele Einwohner Sheffingham habe, und *er* wusste es nicht. Und diese Dame – so etwas wie Lady Angela – ich fragte sie, wie ihr ‚Robert Elsmere‘ gefalle, und sie sagte, sie kenne ihn nicht.“

„Ich fürchte, unsere Freunde dachten, du hättest einen eher krankhaften Informationshunger, Harold.“

„Nun, ich muss sagen, ich fand sie sehr oberflächlich. Alles Schaum und Glitzer. Nichts Festes oder Authentisches an ihnen. Und dieses Gedicht, das der kleine rothaarige Mann vorgetragen hat! In amerikanischen Häusern dieser Art hörte man ernsthafte Gespräche.“

„Dein Geschmack ist streng. Aber man muss barmherzig sein, man muss Zugeständnisse machen. Außerdem sind einige von uns nicht so oberflächlich, wie man denkt. Nicht alles, was glänzt, ist Kneipen. Major Northbrook zum Beispiel ist der beste Polospieler Englands. Und Lady Angela Folbourne ist bei weitem die anrüchigste Frau überhaupt. Ein ganz normaler Bösewicht, wissen Sie, und der macht auch kein Hehl daraus. Ehrlich gesagt, vollkommen zynisch böse. Doch irgendwie schafft sie es, ihren Platz in der Gesellschaft zu behalten und geht vor Gericht. Sehen Sie, sie muss irgendwo solide Qualitäten und echte Fähigkeiten haben?“

„Wie meinst du das damit, dass sie böse ist – in welchem Sinne?“

„Oh, sage ich! Du darfst nicht erwarten, dass ich auf diese Weise mein „i“ und mein „t“ kreuze. Eine Art *Société de Commandite* , wissen Sie.“

"Was meinen Sie--?"

„Ja, ganz richtig.“

„Warum, aber dann, gnädiger Himmel! Sie ist nicht besser als eine – als eine Fachfrau –“

„Schlimmer, schlimmer, klar. Sie ist eine Amateurin.“

„Ich bin überrascht, dass du so eine Frau kennst.“

„Oh, Gott segne Sie, sie ist eine Vestalin für Damen, die ich Ihnen auf der anderen Seite des Kanals vorstellen könnte."

"Wie schrecklich!" rief der junge Amerikaner.

„Um Himmels willen, sagen Sie mir nicht, dass Sie ein Nonkonformist sind", flehte sein Vater.

„Ich bin Episkopalier", antwortete der Sohn. Er verfiel wieder in seinen Blick; und dann stellte sich beim Abendessen heraus, dass er ein Abstinenzler war und keinen Tabak konsumierte.

In seinem Tagebuch, bevor er zu Bett ging. Harold hat diesen Eintrag gemacht:—

„Die Londoner Taxifahrt kostet sechs Pence pro Meile, mindestens aber einen Schilling. In London gibt es über 10.000 Taxis. Die Stadt ist besser gepflastert als Boston, aber nicht so sauber. Viele der Bezirke bewahren ihre ursprünglichen kirchlichen Regierungssysteme. Die Leute sind nicht so aufgeschlossen wie bei uns und dem ganzen Ort mangelt es an Modernität. Der Ton in der englischen Gesellschaft scheint sehr leise zu sein. Morgen werde ich Westminster Abbey, St. Paul's Cathedral, Hyde Park, das British Museum und das Victoria Embankment besuchen. Fy .: Wie hoch waren die Kosten für den Bau des letzteren?"

Das gibt einen Eindruck von dem Tanz, den er seinem Vater am folgenden Tag vorführte. Harold betrachtete die meisten „Sehenswürdigkeiten", wie er sie nannte, in feierlichem Schweigen. Von Westminster bemerkte er jedoch, dass es sich in einem schlechten Zustand befinde. „Die Engländer scheinen nicht besonders unternehmerisch zu sein", sagte er. „Wenn das jetzt in Amerika wäre ..." Aber sein Vater verstand die Schlussfolgerung nicht. St. Paul's kam ihm überraschend schmutzig vor. „Sie sollten sich das neue Auditorium in Chicago ansehen", schlug er vor. „Ich war letztes Jahr da draußen. Das nenne ich schöne Architektur." Und dann, als sie am Ufer entlangfuhren, stellte er seine Frage nach den Kosten; und sein Vater schrie: „Wenn du mir solche Fragen stellst. Ich werde ohnmächtig werden." Harolds Tagebuch erhielt an diesem Abend dieses erbärmliche Vertrauen:

„Im Großen und Ganzen kann London mit keiner der großen amerikanischen Städte mithalten. Was meinen Vater angeht, habe ich gestern gehofft, dass er es nur zum Spaß anzieht, aber ich fürchte jetzt, dass er wirklich sehr leichtsinnig ist. Er trägt eine Brille und spricht mit starkem englischen Akzent. Ausgaben an diesem Tag. Und so weiter."

Der ältere Weir beschäftigte sich gleichzeitig ebenfalls mit literarischer Komposition:

„ Meine liebe Frau Winchfield.—

„Ich bin in großer Sorge um meinen Sohn. Glaubst du nicht, dass ich eins habe? Oh, aber ich gebe dir mein Wort! Er hat mich gerade aus Amerika erreicht, wo ich ihn vor einem Vierteljahrhundert als Geisel zurückgelassen habe. Und er steckt voller schrecklicher heidnischer Ideen. Ich habe noch nie einen so ernsten Menschen getroffen. Er trinkt nicht, er raucht nicht; er hält mich für unwürdig, wenn Sie sich das vorstellen können; und er hat Einwände dagegen, dass ich ihn Hal nenne, obwohl sein Name Harold ist. Ich fühle mich neben ihm wie ein verspielter kleiner Junge – wie das Kind, das dem Mann Vater ist. Dann ist sein Wissensdurst geradezu eine Schande. Er hat mich heute fast umgebracht, als ich mit dem Reiseführer in der Hand durch London *reiste und so* peinliche Fragen stellte. Können Sie mir bitte sagen, wie lange die Häuser des Parlaments gebaut wurden?

„Und wie viele Dollar befinden sich in den Tresoren der Bank of England? Und wie hoch ist das Gehalt eines Polizisten? Und wer ist „der größte Anwalt hier“? Die Art und Weise, wie er mich durch die Stadt rauf und runter schleppte, war höchst untreu. Ich glaube, wir waren überall, außer in meinem Club. Aber er ist ein sehr gutaussehender Kerl, und ich bezweifle nicht, dass in ihm irgendwo das Richtige schlummert, nur dass es zum Vorschein kommt. Ich kann mich des Gefühls nicht erwehren, dass er den Einfluss einer feinen, sensiblen, verantwortungslosen Frau braucht, einer völlig eigensinnigen und zotigen Person, um ihn zu lockern und zu lockern und ihm ein wenig Schaum und Elastizität zu verleihen.

„Es brach mir völlig das Herz, als ich hörte, dass Sie den ganzen Sommer über in Sere bleiben würden; aber selbst für Widrigkeiten gibt es einen süßen Nutzen; und ich wünschte, du würdest meinen Jungen bitten, bei dir zu bleiben. Ich bin mir sicher, dass du ihm Gutes tun kannst, es sei denn, zu viele Monate Landluft haben aus dir eine nüchterne Frau gemacht. Versuchen Sie, ihn zu christianisieren , und das Herz eines Vaters wird Sie mit seinem Segen belohnen.

"Immer dein,

"A. Wehr."

Dann ging Harold zu Sere hinunter; und vierzehn Tage später schrieb Mrs. Winchfield Folgendes an seine Eltern:

„Lieber Weir,—

„Ich fürchte, es ist hoffnungslos. Ich habe mein Möglichstes getan und bin grotesk gescheitert. Gestern habe ich zufällig in Anwesenheit Ihres Kindes zu Colonel Buttington , der hier wohnt, gesagt, dass ich einen verzweifelten Flirt mit ihm so sehr genießen würde, wenn mein Mann nur weg wäre. Harold, lieber Junge, sah empört aus , und nach und nach, als er mich allein erwischte, fragte er (in den Worten von Pater Williams Gesprächspartner), ob ich das in meinem Alter für richtig halte? Er ist wie der Franzose, der seine Frau zum Theaterstück mitnahm und sie tadelte , als sie lachte, und sagte: „ *Nous ne sommes pas ici pour nous amuser* ." Ich schicke ihn morgen mit dem Frühzug zurück . Behalten Sie ihn bei sich und versuchen Sie, ein paar häusliche Tugenden zu pflegen. *A vous* ,

„Margaret Winchfield ."

Harold kam mit sehr ernster Miene an. Aber sein Vater sah noch ernster aus, und er lud den jungen Mann in die Bibliothek ein und teilte ihm seine Meinung mit. Es erzeugte keine spürbare Wirkung. Schließlich: „Nun, ich hoffe, Sie haben den Bediensteten zumindest großzügig Trinkgeld gegeben?" fragte der arme Mann.

„Nein, Sir, ich halte nichts davon, den Bediensteten Trinkgeld zu geben. Wofür erhalten sie ihren Lohn?"

„Du bist völlig uneinholbar", rief der Vater. „Darf ich fragen, wie lange Sie in England bleiben wollen?"

„Ich denke, ich werde etwa zwei Monate brauchen, um es gründlich zu machen."

Sein Vater verließ das Zimmer und gab seinem Mann den Befehl, für eine lange Reise zu packen.

EIN ÄRMELLOSER AUFTRAG.

„J'ai perdu via tourterelle ,

Ich veux aller Apres elle . "

ICH.

Es war die altbekannte Geschichte, in ihrer abgedroschensten Version.

Sie war neunzehn; Er war drei oder vierundzwanzig Jahre alt und hatte ein Einkommen, das gerade ausreichte, um sich mit Brot und Käse zu ernähren und die Aussichten und Positionen eines Kunststudenten in einem Land voller Geldgier zu haben. Und ihre Eltern, die in ihrer Generation weise waren, wollten nichts von einer Verlobung hören; während die jungen Leute, die ihrer Meinung nach dumm waren, nicht den Mut zu ihrer Torheit hatten. Und so geschah das Übliche. Sie schworen ewige Beständigkeit – „ Wenn du es nicht sein kannst, dann soll es so sein ." Sei jemand!" – und verabschiedete sich.

Er verließ seine Heimat, um sich in den Pariser Schulen Technik anzueignen. und nach einer Pause von ein oder zwei Jahren heiratete sie einen anderen Mann.

Doch obwohl ihre Geschichte im Wortlaut recht banal war, war der Geist darin, zumindest auf seiner Seite, etwas selten. Ich nehme an, dass die meisten jungen Liebenden mit viel unmittelbarer Energie lieben; aber seine Liebe erwies sich als von einer Faser , die dem Zahn der Zeit widerstehen konnte. Jedenfalls vergingen die Jahre, und er kam nie ganz darüber hinweg; er blieb diesem herkömmlichen alten Gelübde treu.

Dies resultierte zweifellos zum Teil aus der zurückgezogenen, konzentrierten Art seines Lebens, fernab von der Realität, in einem Studio *au cinquième* , allein mit seinen Farbröhren und seinen Idealen; aber ich denke, es lag zum Teil auch an seinem Temperament. Er gehörte zu der Art von Mann, von dem diejenigen, die ihn kennen, ausrufen werden, wenn sein Name fällt: „Ah ja – der liebe Kerl!" Alle mochten ihn und alle lachten mehr oder weniger über ihn. Er war äußerst einfältig und zutraulich, sehr ruhig, sehr bescheiden, sehr sanft und mitfühlend; Keineswegs ohne Witz und auch nicht ganz ohne Humor , aber im Großen und Ganzen geneigt, die Dinge ein wenig zu ernst zu nehmen in einer Welt, in der durch Misstrauen gemilderte Leichtfertigkeit der einzig sichere Ersatz für einen gesunden, aufrichtigen Zynismus ist. Obwohl er in seinen Theorien ein kompromissloser Realist war, vermute ich, dass er im Grunde dazu neigte, romantisch, wenn nicht sogar sentimental zu sein. Seine Freunde wechselten im Allgemeinen das Thema , wenn er den Raum betrat, weil er gegenüber dem gewöhnlichen Geschmack von Männergesprächen eine weibliche Abneigung zeigte. Am Anfang hatte man ihn aus diesem Grund natürlich zum Idioten gewählt; Am Ende hielten sie es jedoch für eine lästige kleine Exzentrizität, die angesichts seiner vielen authentischen Tugenden ertragen werden musste.

Im Übrigen hatte er eine süße Stimme, eine gute Figur und Haltung, ein klares sächsisches Gesicht und ein angenehmes, anmutiges Talent, das ihm im Laufe der Zeit, gefördert durch Fleiß, mehrere ehrenvolle Erwähnungen eingebracht hatte Medaillen, dann das rote Band und schließlich die rote Rosette.

Er war das, was man einen erfolgreichen Mann nennt; und er war in einer Karriere erfolgreich gewesen, in der Erfolg ein gewisses Maß an Berühmtheit mit sich bringt, doch es war eine Angewohnheit seines Geistes, sich selbst als Versager zu betrachten. Dies lag zum Teil daran, dass er zu sehr ein Gespür für die Natur der Kunst hatte , als dass er sich vorstellen konnte, dass Erfolg in der Kunst – Erfolg darin, den Visionen der Fantasie materielle Form zu verleihen – jemals möglich sei; Ein Künstler könnte als jemand definiert werden, dessen Mission es ist, zu scheitern. Jedenfalls konnten weder Medaillen noch Auszeichnungen ihn darüber hinwegtäuschen, dass zwischen dem, was er beabsichtigt hatte, und dem, was er erreicht hatte, zwischen den großen Bildern seiner Träume und den Leinwänden, die seine Handschrift trugen, eine schreckliche Kluft bestand. Aber als er sich selbst für einen Versager hielt, war er sicher vor allem von der Erinnerung beeinflusst, dass es ihm vor zwanzig Jahren nicht gelungen war, dieses dunkeläugige junge amerikanische Mädchen zu heiraten.

Zuerst hatte es das Leben für ihn in eine Art Albtraum verwandelt. Er war mit einem Herzen angekommen, das sich anfühlte, als wäre es zwischen den oberen und unteren Mühlsteinen zermalmt worden. Sein Ehrgeiz war tot, ebenso sein Interesse an der Welt. Er konnte nicht arbeiten, weil er keine Farbe am Himmel und nichts als Sinnlosigkeit in der Kunst sehen konnte ; und er konnte nicht spielen – er konnte sich nicht in die Ausschweifungen des Viertels stürzen und so seinen Schmerz durch unmittelbare körperliche Erregungen ein wenig betäuben –, weil das Vergnügen in all seinen Formen seinen Reiz verloren hatte . Dann kam eine gütige Vorsehung dazwischen und ordnete an, dass er ein Glas infiziertes Wasser trinken oder einen Schluck vergifteter Luft einatmen und an Typhus erkranken und vergessen sollte; und als er sich erholte und es ihm wieder einfiel, fiel ihm Folgendes ein: dass sie bei ihrer Seele geschworen hatte, treu zu ihm zu sein. Daraufhin sagte er: „Ich werde wie zwanzig Trojaner arbeiten und die Zeit vernichten, Geld verdienen und mit einer gesicherten Position nach Hause gehen; und dann können ihre Eltern keinen weiteren Vorwand mehr haben, ihre Zustimmung zu verweigern." In diesem Entschluss fand er großen Trost.

Er hatte etwa zwölf Monate lang wie zwanzig Trojaner gearbeitet, als er die Nachricht von ihrer Heirat mit dem anderen Mann erhielt.

Es erreichte ihn zufällig am Tag seines Auftretens (in einem Brief eines Freundes, in dem er ihm mitteilte, dass es in vierzehn Tagen gefeiert werden würde); und das war, durch einen angenehmen Zufall, sein Geburtstag. In einem Anfall zynischer Verzweiflung lud er viele seiner Schulkameraden und einige Damen aus der Nachbarschaft ein , mit ihm zu speisen; und sie feierten und feierten bis weit in den nächsten Morgen hinein, als ihm zum ersten und fast einzigen Mal in seinem Leben betrunken nach Hause geholfen werden musste. Seine Trunkenheit war jedoch vielleicht nicht ganz zu bedauern. Es hielt ihn vom Nachdenken ab; und für diese besondere Nacht war es im Großen und Ganzen wohl besser, dass er nicht nachdenken sollte.

Seine Stimmung zynischer Rücksichtslosigkeit hielt ein oder zwei Monate an. Er feierte die Hochzeit – *faisait la noce* , wie die lokale Redewendung lautet – im doppelten Sinne und mit fieberhaftem Eifer. Für einen Moment schien es ein Rätsel zu sein, was aus ihm werden würde: ob er in den Zustand eines chronischen *Noceur versinken* oder zu seinem früheren, anständigen Verhalten zurückkehren würde. Es kam jedoch vor, dass er keinen Appetit auf Alkohol hatte und dass schlechte Musik, schlechte Luft, schlechte Kommunikation, Gaslicht und lange Stunden ihm keine dauerhafte Befriedigung verschafften, wohingegen – wie bei anderen Frauen – die schon Nektar genossen haben kann für Milch und Wasser sorgen? – Wer, der eine Rose verloren hat, kann mit einer künstlichen Blume getröstet werden? So drückte er es sich aus. Alle Frauen, die er am rechten Seine-Ufer kannte, waren für seinen Geschmack tödlich langweilig; diejenigen, die er auf der linken Seite kannte, waren mit Sägemehl vollgestopft.

Und die Folge war, dass er eines Morgens wieder zur Arbeit ging; und trotz des dumpfen Schmerzes in seinem Herzen arbeitete er beharrlich und beharrlich von Tag zu Tag, von Jahr zu Jahr, ohne den Lauf der Zeit in der versunkenen und methodischen Natur seines Lebens zu bemerken, bis er schließlich vierzig wurde , und war das, was man einen erfolgreichen Mann nennt. Natürlich hatte sich der dumpfe Schmerz in seinem Herzen allmählich in etwas abgeschwächt, das nicht ganz schmerzhaft war; in etwas, dessen Traurigkeit sich mit Süße vermischte, wie klagende Musik; aber ihr Bild blieb als Idol in seiner Erinnerung verankert, und ich bezweifle, dass jemals ein Tag verging, ohne dass er einen Teil davon in Anbetung davor verbrachte. Er ging auch nie im Ausland durch die Straßen von Paris, ohne zu denken: „Was wäre, wenn ich sie treffen sollte!" (Es wäre fast unvermeidlich, dass sie irgendwann nach Paris kommen würde.) Und bei dieser Aussicht würde sein

Herz höher schlagen und sein Puls schneller werden als der eines Jungen. Denn Kunst und Liebe zwischen ihnen hatten ihn jung gehalten; Es war ihm in der Tat nie in den Sinn gekommen, seine Glanzlichter zu zählen oder darüber nachzudenken, dass er ihrer Meinung nach im mittleren Alter war. Außerdem lebte er in einem Land, dessen liebenswürdiger Brauch es ist, jeden Mann einen Jungen zu nennen, bis er heiratet. Regelmäßig einmal im Jahr, im Herbst, hatte er ein Bild zur Ausstellung nach New York geschickt, in der Hoffnung, dass sie es sehen würde.

Er ließ seine Pinsel heute Nachmittag etwas früher als sonst waschen und machte einen Spaziergang im Garten des Luxembourg. Die Luft war erfüllt von der Wärme und dem Duft des Frühlings; Im Sonnenschein leuchteten die Marmorköniginnen mit ihrem stillen, steinernen Lächeln in tausend Rosa- und Amethysttönen, als wären sie aus einer schillernden Substanz wie Perlmutt geschnitzt. Die Fassade des alten Palastes glühte in sanftem Feuer; das glatte, dunkelgrüne Laub der Kastanienbäume war hier und da mit blassem Gold überzogen; und im tiefen Schatten der *Allées* unter ihnen tobten unzählige Kinder lautstark und unzählige Liebespaare sentimentalisierten sich schweigend. Natürlich waren sie nur Scheinliebhaber, Studenten und ihre *étudiantes* ; Aber das und alles andere, was hässlich ist, könnte man im umgebenden Charme für einen Moment vergessen.

Nach und nach nahm er einen Penny Chair, setzte sich an den Rand der Terrasse, beobachtete den Tanz von Licht und Schatten auf dem Wasser des Brunnens und dankte dem Himmel für die tiefe, unübersetzbare Freude, die er darin empfinden konnte Schönheit der Welt. Er trank es mit allen Sinnen, als wäre es eine ätherische Form von Wein; Aber kein Wein war so köstlich, kein Wein hätte ihn so durchdringen, begeistern und anregen können wie er. Es war Teil seiner Philosophie – ich könnte fast sagen, ein Artikel seiner Religion –, seine Fähigkeit, aus jeder Phase des Schönen exquisite Freude zu ziehen, als eine Art Ausgleich für viele der guten Dinge des Lebens zu betrachten, die er hatte hatte verpasst; Und doch diente es zumindest in gewisser Weise keineswegs als Entschädigung, sondern vergrößerte nur seinen Verlust. In der Gegenwart dessen, was auch immer schön war, in seinem Bann sehnte er sich immer mit noch stärkerem Schmerz nach ihr. Und jetzt seufzte er innerlich für sie, wie er es unter ähnlichen Umständen unzählige Male zuvor getan hatte: „Ah, wenn sie hier wäre! Wenn wir das alles zusammen genießen könnten!“ – Ich wage zu sagen, armer Mann, das war in seinem Alter ein wenig lächerlich; aber er verstand den Humor nicht .

Er stellte sie sich vor, ihre schlanke Gestalt, ihr weißes, eifriges Gesicht mit dem Halbschatten aus braunem Haar, weich wie Rauch, und ihren dunklen Augen, tief und leuchtend, als würden in ihnen unendlich weit blasse Feuer brennen. Er hörte ihre Stimme, leise und melodiös, und ihr klares, mädchenhaftes Lachen. Und sie lächelte ihn an, ein schwaches, trauriges Lächeln, das voller Zärtlichkeit, Sehnsucht und Bedauern war. Er nahm ihre Hände, ihre warmen kleinen rosigen Hände, und staunte über sie, während er sie streichelte. Sie waren wie Miniaturbilder von ihr selbst, so sensibel, so zerbrechlich, so hilflos wirkend und doch mit so erstaunlichen Talenten ausgestattet: Denn als er sie über die Elfenbeintasten ihres Klaviers hüpfen sah, schlug sie stets den richtigen Ton mit der richtigen Intensität Angesichts des Stresses und der richtigen Zeitspanne (obwohl ihre Bewegung einem uneingeweihten Zeugen ziemlich mutwillig vorgekommen sein muss) betrachtete er sie als ein Hexenpaar.

Hätte er seine eigenen Jahre nicht gezählt oder ihre Auswirkungen auf sich selbst nicht abgeschätzt, so wäre es sicher, dass er sie mit nicht weniger Nachsicht behandelt hätte. Sie kam immer gleich zu ihm zurück; immer das neunzehnjährige Mädchen, das er vor fast einem Vierteljahrhundert zurückgelassen hatte.

Ach, wenn sie nur jetzt bei ihm wäre, hier im malerischen alten Garten des Luxembourg! Wie vollkommen und unaussprechlich würde seine Freude sein! Er würde sie neben das große Becken des Brunnens führen, wo die Goldfische wie Flammen aufblitzten; und sie würden vor den Statuen der Königinnen stehen bleiben und einander die romantischen Geschichten dieser toten königlichen Damen erzählen; Und wie viel wärmer wäre der Sonnenschein, wie viel grüner wäre die Erde, wie viel süßer wäre der Duft der Luft! Nach und nach würden sie das Museum betreten, wo er ihr das Bild von ihm zeigen würde, das der Staat ihm mit dem Kauf eine Ehre gegeben hatte und das, wie ihm geflüstert versprochen worden war, eines Tages seinen Weg in den Louvre finden sollte. Anschließend schlenderten sie den Boulevard entlang, am Schloss von Cluny vorbei, über die Brücke und auf den offenen Platz vor Notre Dame. Und die ganze Zeit redeten sie, redeten, redeten und machten die verlorene Zeit wieder gut; und ihre Wunden würden geheilt und ihre Herzen würden zur Ruhe kommen. Es war seltsam, dachte er, dass sie nie ins Ausland gekommen war. Alle Amerikaner kommen früher oder später, und ständig trifft man auf diejenigen, die man zufällig kennt.

Allerdings war er ihr noch nie begegnet, auch wenn er nie aufgehört hatte, damit zu rechnen. Wie selbstverständlich wäre es zum Beispiel heute Nachmittag, sie kennenzulernen. Der jährliche Aufstand seiner Landsleute hatte begonnen; Tausende von ihnen waren in diesem Moment in Paris: Warum war sie nicht unter ihnen? Und sie würde sicherlich nicht nach Paris kommen, ohne das Luxembourg zu besuchen; und heute war ein perfekter Tag für einen solchen Besuch; und – wenn er jetzt aufschauen sollte...

Er blickte auf, hielt einen Moment lang den Atem an und glaubte fast zu sehen, wie sie auf ihn zukam. Tatsächlich *kam jemand* auf ihn zu, stand vor ihm auf dem Weg und gab ihm Zeichen. Doch als sich die Nebel seines Tagtraums lichteten, erkannte er, dass es nur die alte Frau war, die gekommen war, um seinen Penny für den Stuhl zu nehmen.

Er ging nach Hause, ein sehr einsamer Mann in einer sehr leeren Welt.

Es kam ihm jetzt kalt vor; der Himmel war grau geworden. Er ließ in seinem Wohnzimmer ein Feuer anzünden und saß niedergeschlagen in der Dämmerung davor. Nach einer Weile brachte sein Diener die Lampen herein und überreichte ihm gleichzeitig ein Paket, das von seinem Buchhändler gekommen war. Das Paket war in ein altes Exemplar der Pariser Ausgabe des *New York Herald eingewickelt* ; und er breitete es aus und warf einen lustlosen Blick darauf. Es erfüllte ihn immer mit einer unbestimmten Art von Wehmut, eine alte Zeitung anzusehen; Am Tag seines Erscheinens schien das Leben, das es aufzeichnete, die Freuden und Schmerzen, von so großer Bedeutung, von so unmittelbarem Interesse; und jetzt zählten sie ebenso wenig, sie waren ebenso Teil der antiken Geschichte wie das Leben und die Freuden und Sorgen der Cäsaren . Sein Blick fiel plötzlich auf eine Kolumne mit der Überschrift *„Nachruf"* . und dort las er vom Tod von Samuel Merrow. Er blätterte hastig in der Zeitung und entdeckte das Datum. November letzten Jahres; schon vor einem halben Jahr. Samuel Merrow war vor sechs Monaten in New York gestorben; und Samuel Merrow war ihr Ehemann.

II

Es waren nicht viele Passagiere auf dem Dampfer; Zu dieser Jahreszeit verlief die Reiseströmung in die entgegengesetzte Richtung. Am zweiten Tag des Ausflugs sprach ihn ein aufgedunsener, kleiner, weißhaariger, wichtiger Mann an Deck an und fragte, ob es sein erster Auslandsbesuch sei, von dem er zurückkehre. Er dachte einen Moment nach und antwortete mit Ja; Denn obwohl er ein halbes Leben lang im Ausland gelebt hatte, hatte er den Ozean zuvor nur einmal überquert. Er war zu schüchtern, um auf eine Erklärung einzugehen, also antwortete er mit „Ja". Dann prahlte der aufgedunsene Mann mit den unzähligen Reisen, *die er* unternommen hatte. „Oh, ich kenne Europa!" deklamierte er und erzählte, wie sein Geschäft – er bezeichnete sich selbst als „Käufer" für eine Firma von Druckfarbenimporteuren – ihn zwei- oder dreimal im Jahr auf diesen Kontinent führte. Er hatte einen forschenden Geist und eine große Fähigkeit, Menschen zu befragen. „Entschuldigen Sie, Mr. Aigrefield ", sagte er (er hatte den Namen unseres Freundes aus der Passagierliste erfahren), „aber was bedeutet dieser rote Knopf in Ihrem Knopfloch? Einer Gesellschaft, der du angehörst?"

Aigrefield verbarg, was er erlitten hatte, und suchte erneut Zuflucht in einem zweideutigen Ja; aber er schlich sich in seine Kabine und steckte den „roten Knopf" in seine Loge: Es war absurd, die Insignien eines französischen Ordens außerhalb Frankreichs zu tragen.

Dann wurde die Schiffsbesatzung natürlich durch eine hochintelligente Dame mit Brille vervollständigt, die den ganzen Tag in einem Liegestuhl lag und Mr. Paters *Mariys las* (der Band reichte ihr während der gesamten Reise); ein statistischer Geistlicher, der aus seinem Urlaub zurückkehrt, eine Fundgrube praktischer Fehlinformationen; ein paar Franzosen, die unterwegs waren, niemand konnte erraten, warum, da sie ziemlich niedergeschlagen und verzweifelt wirkten; ein halbes Dutzend Hebräer reisten, man konnte nicht anders, als zu wissen, warum, da sie mit lauter fröhlicher Stimme über „ Vollens " und Preise und Lieferungen diskutierten; und das unvermeidliche junge westliche Mädchen, das alleine reist. Zum ersten Mal seit fast zwanzig Jahren war er aus der Wolke, in der er lebte, herabgestiegen und rieb sich an den Realitäten der Erde.

Die hochintelligente Dame „wusste, wer er war", wie sie ihm liebevoll sagte, und sprach auf ihre hochintelligente Art nur von Kunst. Wenn er mehr Humor gehabt hätte , ihren perversen Enthusiasmus, verpackt in einem äußerst rudimentären Studio-Slang (sie sprach eine Menge Werte und Schlüssel, von Atmosphäre und Licht, von Dingen, die schlecht modelliert oder ein wenig „out" waren) – wenn er Hätte er mehr Humor gehabt , hätte ihn das alles vielleicht amüsiert; aber er war, wie gesagt, etwas zu wörtlich geneigt; und das Geschwätz erschütterte ihn und machte ihn krank im Herzen. Ihre Formel, mit der sie ein Thema eröffnete: „ Sagen Sie mir jetzt, Mr. Aigrefield , woran denken Sie?" wurde zu einer Obsession, die ihn mitten in der Nacht befiel und ihn vor dem nächsten Tag fürchten ließ. All diese Leute, bemerkte er, seien von Mr. Aigrefield mitleidlos behandelt worden. Er wünschte, die englische Sprache hätte für seine Landsleute (in England scheinen sie gut miteinander auszukommen, ohne ständig Namen zu nennen) eine Anrede ähnlich der französischen *Monsieur* .

Aber das einsame junge westliche Mädchen gefiel ihm. Sie hatte sein Auge zum ersten Mal durch ihre Form und Farbe angesprochen ; Aber als er sie ein wenig kennenlernte, mochte er sie wegen ihres Geistes. Sie war groß, hatte eine starke, geschmeidige Figur, ein Gesicht, das durch die diskrete Unregelmäßigkeit seiner Gesichtszüge malerisch war, ein Paar klare graue Augen, einen frischen Teint und einen überhängenden Schmuck aus warmem braunem Haar. Sie hatte auch eine große Vorliebe für das Lächeln – ein Lächeln, das in schönen Kurven um die Lippen spielte, wenn überhaupt, einen Gedanken zu voll, einen Halbton zu scharlachrot –, woraus er schloss, dass sie ein liebenswürdiges Gemüt, ein leichtes Herz und eine … gutes Gewissen. Als er sie sprechen hörte, bemerkte er, dass ihre Stimme von einer Tiefe, Sanftheit und Rundheit war, die den abendländischen Charakter ihres Akzents in hohem Maße wettmachte. Auf jeden Fall fühlte er sich zu ihr hingezogen: Sie spazierten viel gemeinsam über das Deck und hatten oft ihre Stühle nebeneinander aufgestellt. Er philosophierte über ihre

Anziehungskraft auf ihn, indem er sagte: „Sie ist eine Naturgewalt, sie ist frisch und einfach.“ Der „Einkäufer“ für die Druckfarbenimporteure war ihm zwar frisch vorgekommen, aber nicht so einfach; die Dame, die Mr. Pater las, so einfach, aber nicht frisch; die hebräischen Herren, sogar die unglücklichen Franzosen, wenn man so will, als natürliche Kräfte: aber das westliche Mädchen vereinte diese verschiedenen Vorteile in ihrer einzigen Person, und so wurde sie seine Liebling unter seinen Schiffskameraden.

Ihr Name war Lillian Goddard; Sie lebte in Minneapolis, wo ihr Vater, wie sie ihm mitteilte, Richter war. Sie war fast ein Jahr im Ausland gewesen, hatte den Winter in Rom verbracht, konnte ein wenig Italienisch, ein wenig Französisch und eine Menge Amerikanisch. Ich habe sie als jung beschrieben und hoffe, dass es nicht als Anachronismus angesehen wird, wenn ich hinzufüge, dass sie sechsundzwanzig Jahre alt war.

Sie war äußerst patriotisch und schien schockiert und betrübt zu sein, als sie erfuhr, dass er über zwanzig Jahre lang ununterbrochen von seinem Land ferngeblieben war.

„Je mehr ich von Europa sah, desto mehr liebte ich das liebe alte Amerika“, erklärte sie mit ihrer tiefen Stimme.

Sie habe so viel Heimweh wie nur möglich, sagte sie, und könne nicht schnell genug nach Minneapolis zurückkehren. Kannte er den Westen? – und wieder schien sie schockiert, als sie die Tiefe seiner Unwissenheit darüber entdeckte. Oh, er muss auf jeden Fall den Westen sehen. Kein Amerikaner konnte sein Land schätzen, bevor er den Westen gesehen hatte. Die Leute da draußen waren so *lebendig* , also mach weiter; und sie zeigten großes Interesse an allen Formen der Kultur, an Literatur, Musik, Malerei, Theater. „Schauen Sie sich die großen Zeitschriften an – ihre Verbreitung hängt vom Westen ab.“ Und dann die *Häuser* des Westens! „Oh, wenn ich in Europa leben würde, würde ich meinen Glauben an die menschliche Natur verlieren. Westliche Menschen sind so warmherzig. Ich fürchte, Sie sind furchtbar unpatriotisch, Mr. Aigrefield .

Er erinnerte sie daran, dass Patriotismus die letzte Zuflucht eines Schurken sei; und außerdem, so plädierte er, sei es zu viel von einem kleinen Mann zu erwarten, dass er für einen Kontinent patriotisch sei. Aber sie schüttelte den Kopf über seine Perversität und vermutete, dass er stolz genug auf seinen Kontinent wäre, wenn er ihn gesehen hätte, und bestand darauf, dass er nach Minneapolis kommen und sich umschauen müsse.

Er mochte sie unglaublich. Als ihre Reise älter wurde, empfand er immer mehr Gefallen an ihrer Nähe; er freute sich mit einer Art Ungeduld darauf, sie an Deck zu treffen, während er seine Morgentoilette erledigte; und er erinnerte sich liebevoll an ihre Geschäfte des Tages, als er nachts nach Hause ging. Außerdem gefiel ihm der Charme ihrer starken, unregelmäßigen Schönheit, und er sagte lächelnd zu ihr: „Wenn ich nach Minneapolis komme, darf ich unbedingt ein Porträt von dir machen."

„Ah, dann kommst du wirklich?" forderte sie und bemühte sich, ihn in einen frommen Entschluss zu fassen.

Er lachte vage und sie protestierte: „Oh, schade, Mr. Aigrefield , jetzt winden Sie sich heraus!"

Er hatte das Gefühl, dass sie süß, gesund und ehrlich war: direkt, energisch, kraftvoll: Er fragte sich, ob sie diese Eigenschaften nicht tatsächlich zum Teil ihrer westlichen Heimat zu verdanken hatte; und er gab zu, dass der Westen begann, einen Platz in seiner Zuneigung einzunehmen. Bisher war es für ihn lediglich eine geographische Abstraktion gewesen, vor deren Verwirklichung er sich durch Erfahrung gescheut hätte . Er stellte sich vor, dass die Farbgebung hart, die Action gewalttätig und die Atmosphäre rau und rau sein würde.

„Nun, ob ich wirklich komme oder nicht, ich bin sicher, ich würde es wirklich gerne tun", sagte er jetzt.

„Das ist so ein unschuldiger Wunsch", rief sie mit einem Anflug von Spott. „Ich glaube nicht, dass es egoistisch wäre, sich dem hinzugeben."

„Und wenn ich komme, wirst du für mich sitzen?"

„Oh, ich würde für so eine Sache alles tun – um aus dir einen Patrioten zu machen!"

Zu Beginn seiner Reise war seine Ungeduld, das Ende der Reise zu erreichen, so groß, dass ihm die Fahrt des Dampfers unerträglich langsam vorgekommen war. Doch als sie sich New York näherten, überkam ihn eine vage Angst vor dem, was ihn dort erwarten könnte, eine vage Abschreckung vor dem Potenzial und dem Unbekannten, die ihn fast wünschte, das Pochen der Motoren wäre nicht so schnell. Eine Wolke düsterer Möglichkeiten verfolgte seine Fantasie und erfüllte sie mit einem seltsamen Schauer und Schmerz. Er hatte noch nie innegehalten, um an die vielen Dinge zu denken, die in zwanzig Jahren geschehen waren; Und nun überfielen sie seinen Geist in Massen und entsetzten ihn. Sogar die vorbereitende Aufgabe, zum Beispiel ihren Aufenthaltsort herauszufinden, könnte sich als schwierig genug erweisen; und dann---? In solchen Angelegenheiten ist es jedenfalls der nächste Schritt, der kostet. Welche Bindungen und Zuneigungen sie in zwanzig Jahren geknüpft haben würde, würde ihn zu einem notwendigen Fremden in ihrem Leben machen und keinen Platz für ihn in ihrem Herzen lassen. Er war eifersüchtig auf einen vermeintlichen Liebhaber (er hatte zu lange in Frankreich gelebt, um sich daran zu erinnern, dass Liebhaber in

Amerika nicht in Mode sind), auf vermeintliche Kinder, vermeintliche Interessen und Berufe: eifersüchtig und ängstlich. Und natürlich war immer damit zu rechnen, dass sie im Rahmen des Vorstellbaren über den Verlust von Mr. Merrow untröstlich sein könnte, obwohl dies aus irgendeinem Grund die unwahrscheinlichste aller Eventualitäten schien, denen er sich stellen musste. Er wusste, dass Mr. Merrow ein Baumwollmakler gewesen war; er hatte sich ihn immer als einen großen, ziemlich lebhaften Menschen mit einer heiseren Stimme vorgestellt, der vielleicht in der Lage war, eine leichte Zuneigung zu wecken, aber nicht der Charakter, der die tieferen emotionalen Stränge von Paulines Natur erfassen konnte.

Seine Nervosität steigerte sich enorm, nachdem der Pilot an Bord kam. Er marschierte schnell auf dem Deck hin und her, ohne sich dessen bewusst zu sein, was er zu Miss Goddard sagte, die mit ihm Schritt hielt. Sie lachte plötzlich – ihr tiefes Alt-Lachen; und dann erkundigte er sich sehr ernst, ob er etwas Absurdes gesagt habe.

Weißt du nicht , was du gesagt hast?“ rief sie aus.

„Ich – ich erinnere mich nicht nur. Ich habe an etwas anderes gedacht“, gestand er und zog die Brauen zusammen.

„Nun, das ist doch nicht sehr schmeichelhaft für mich, oder? Dennoch, wenn Sie solche Dinge sagen können, ohne es zu wissen, muss ich Ihnen wohl verzeihen. Ich habe Sie gefragt, was Ihrer Meinung nach die beste kurze Definition des Lebens ist, und Sie sagten, eine Chance, Fehler zu machen.“

„Ich hätte nie etwas so Gutes sagen können, wenn ich bei Verstand gewesen wäre“, erklärte er.

Unzählige alte Erinnerungen und Assoziationen stiegen jetzt in ihm auf; und als er sich über die Reling beugte und in die trüben Gewässer der New Yorker Bucht blickte, wurden die europäischen Kapitel seines Lebens zu bloßen Klammern, und der Text verband sich mit dem Wort, bei dem er unterbrochen worden war, als er vierundzwanzig war . Obwohl er ein trauriger Patriot war, bestand er immer noch aus Fleisch und Blut. und er konnte sich dem Land seiner Kindheit, seiner Jugend, seiner Liebe und seines Verlustes nicht nähern, ohne dass seine Herzen sich bewegten, abgesehen von denen, die die Aussicht, sie zu treffen, hervorrief. Seine anderen alten Gefährten würden zweifellos tot oder zerstreut sein; sonst hätten sie ihn vergessen, wie er sie tatsächlich bis gestern vergessen hatte. Jedenfalls würde er nicht versuchen, sie nachzuschlagen. Er wusste, dass er sich unter seinem eigenen Volk wie ein Fremder fühlen sollte; Er würde die Tristesse dieser Situation nicht dadurch verstärken, dass er frühere Vertraute aufspürte und unerkannt blieb, oder indem er sich nach ihnen erkundigte, um zu erfahren, dass sie tot seien. Er hatte seine positiven Absichten nicht ganz klar formuliert, aber sie lagen wahrscheinlich in seinem Unterbewusstsein, kurz und prägnant, wenn auch etwas kurzsichtig und unpraktisch: Er würde sein Werben so schnell wie möglich durchführen und seine Braut gebären triumphierend über das Meer, zu seinem Haus in Paris.

Er verabschiedete sich von Miss Goddard auf dem Dock, während der Zollinspektor seine Koffer durchsuchte.

„Nun denken Sie daran, Sie müssen nach Minneapolis kommen", beharrte sie, während ihre Hand in seiner lag und den Druck erwiderte; und er konnte einen Anflug von Ernsthaftigkeit hinter dem Lächeln erkennen, das ihre Augen erhellte.

„Auf Wiedersehen, auf Wiedersehen", antwortete er inbrünstig, plötzlich bewegt von dem Gefühl, dass es ihm schwergefallen wäre, sie zu benennen. „Vielleicht überrasche ich Sie, wenn ich eines Tages dort auftauche."

Dann wurde ihre Hand zurückgezogen und sie verschwand in einer Mietkutsche. Er widmete sich wieder der Aufgabe, sein Gepäck untersuchen zu lassen, mit dem Gefühl, von seinem letzten Freund im Stich gelassen worden zu sein.

„Was für eine Standhaftigkeit es erfordern muss, hier zu leben", war der Gedanke, der ihn den Kopf schütteln ließ, als er über die rauen Pflastersteine, durch die schmutzigen, unedlen Straßen zu seinem Hotel fuhr. Es kam ihm noch deprimierender vor, als er aus dem schmutzigen Gewirr der Unterstadt in die selbstgefällige Rechteckigkeit der Oberstadt trat. Er war sich sicher, dass Pauline das alles gerne gegen die luftigen Perspektiven, die Sauberkeit, die fröhlichen Farben , die Vielfalt von Paris eintauschen würde. Natürlich müsste er seine Junggesellengemächer mit Blick auf den Luxembourg aufgeben. Er würde für sie ein richtiges Haus mieten, kaufen oder sogar bauen, im Viertel Etoile oder in der Nähe des Parc Monceau .

Er blätterte die Seiten des Verzeichnisses um, auf die ihn der Hotelangestellte herablassend hinwies, und stellte fest, dass Mr. Morrows Adresse zwanzig Jahre alt gewesen war und in einer Straße lag, die keinen Namen, sondern nur eine Nummer und eine Himmelsrichtung hatte für einen dienen; und das schien ihm vollkommen im Einklang mit dem einfallslosen, geschäftsmäßigen Charakter des verstorbenen Baumwollmaklers zu stehen. Pauline wäre als Witwe höchstwahrscheinlich weggezogen. Für einen Anruf war es heute zu spät, da es fast Zeit für das Abendessen war (er hatte vergessen, dass es in New York nicht verboten ist, nach dem Abendessen anzurufen), aber er würde ihr eine kleine Nachricht schreiben und sie über seine Ankunft informieren. und schlug vor, morgen Vormittag zu kommen. Auf die Ecke des Umschlags schrieb er „Bitte weiterleiten“, um den Fall ihres Umzugs vorwegzunehmen. Dann könnte er es dem Schicksal und den Postbehörden überlassen, den Rest zu erledigen.

III

Die Fifth Avenue erstreckte sich in einer endlosen geraden Linie vor ihm, die Prosa ihrer Architektur wurde von der hereinbrechenden Dämmerung verdeckt und monoton von den Straßenlaternen unterbrochen. An einem davon befestigt fand er bald einen Briefkasten, in den er den Brief warf, den er geschrieben hatte. „Erinnert sich Mrs. Merrow – das war Pauline Lake – an Henry Aigrefield ? Und wenn ja, kann er sie morgen um elf besuchen?“ Auf diese Weise hatte er es, nachdem er ein Dutzend Blätter Papier vernichtet hatte, endlich geschafft, seine Botschaft zu formulieren.

Er ging langsam die lange Allee hinauf, die im rechten Winkel und in festen Abständen von zweihundert Fuß durch Straßen geschnitten war, die einander so ähnlich sahen, dass man den Eindruck erwecken konnte, sie seien alle in die gleiche trostlose Form gegossen und entsprechend eingerichtet worden Gemeinde fertig; vorbei an den unzähligen kaffeefarbenen Häusern mit ihren verdammenden Wiederholungen starrer kleiner Türstufen; und er wunderte sich über die blinde Selbstgefälligkeit eines Volkes, das diese Straße ehrlich als eine der schönsten Durchgangsstraßen der Welt betrachten konnte. Die Gegend, die er durchquerte, erinnerte ihn an bestimmte melancholische Landstriche im Süden Londons, wo der Stadtschreiber sein bescheidenes, trostloses Zuhause hat: Es war ein Viertel , das reich und prätentiös geworden war, aber keineswegs sanfter oder verschönert.

Würde *sie* in einer dieser unbedeutenden Kisten aus braunem Stein leben? „26, E. 51“, die Adresse, die er im Verzeichnis gelesen hatte, klang ziemlich aussichtslos. Es war Mr. Merrows Haus gewesen , und Mr. Morrow war ein praktischer New Yorker gewesen. Aber der Innenraum? Er stellte sich das Innere als absolut lieblich und entzückend vor, denn es liegt in der Natur der Sache, dass das Innere seinen Charakter Mr. Merrows Frau verdanken würde . Eine gute Leimfarbe an den Wänden, etwas Helles und doch Warmes – Ziegelstaub oder ein perlmuttartiges, rosiges Grau; einfache, anmutige Stühle und Tische; ein paar gute Bilder, unzählige gute Bücher in guten Einbänden: über allem der sanfte Schein von Kerzenlicht; Und mittendrin, die dem Ganzen Einheit und Bedeutung verleiht, eine Dame, eine große, schlanke Dame, in einem schwarzen Kleid, mit einem blassen, ernsten Gesicht, dunklen Augen voller schlafendem Feuer und über ihrer weißen Stirn ein satter Schatten von braune Haare. Sie las, den Kopf ein wenig geneigt, ihre Füße ruhten auf einem kleinen Tabouret aus einem mattroten Stoff, der dem unteren Bildrand Tiefe verlieh, während das Kerzenlicht auf ihrem Haar, auf ihrer Wange und ihrem Hals, auf der Elfenbeinseite spielte ihres Buches und der Hand, die es hielt, ließen den oberen und mittleren Teil strahlen. Wie wenig veränderte sie sich nach zwanzig Jahren ! Ihr Gesicht hatte nichts von seiner mädchenhaften Zartheit, seiner mädchenhaften Unschuld eingebüßt, es hatte nur etwas an Festigkeit, an Ernsthaftigkeit und Stärke gewonnen. Er fand eine Frau dort, wo er ein Kind zurückgelassen hatte, aber die Frau war nur das gereifte und veredelte Kind. Als sich die Tür öffnete, um ihn einzulassen, blickte sie einen Moment lang verwirrt auf, da sie nicht sah, wer er war. Doch dann stand sie plötzlich auf, ging auf ihn zu und rief seinen Namen, sehr leise, sehr leise, so dass er wie eine Musiknote an seine Ohren drang. Und sein Herz hämmerte erstickend und er zitterte köstlich in allen seinen Gliedern.

Verwirklichung dieser großen Freude auf morgen verschieben ? Wenn es unkonventionell war, abends einen Besuch abzustatten, würde sie, die nie ein Anhänger der Konventionalität gewesen war, es dem Eifer und der Ungeduld seiner Leidenschaft verzeihen. Er hatte zwanzig Jahre auf sie gewartet; das war lang genug, ohne noch eine weitere endlose Zeitspanne von zwölf Stunden hinzuzufügen. Jedenfalls konnte es nicht schaden, wenn er die Glocke von Nr. 26, E. 51 läutete und fragte, ob sie noch dort wohne und wenn nicht, wohin sie gegangen sei. Dadurch könnte eine weitere Einsparung wertvoller Stunden bewirkt werden ; und – und er würde es tun.

Das Haus schien sich tatsächlich in keiner Weise von der Menge zu unterscheiden, die er zurückgelassen hatte; aber er hätte die irische Magd umarmen können, die ihm die Tür öffnete, denn auf beide Fragen antwortete sie mit Ja. Ja, Mrs. Merrow lebte hier; und ja, sie war zu Hause. Würde er bitte in den Salon gehen , und welchen Namen sollte sie sagen? Damit der Name bei der Übertragung nicht verfälscht würde, stattete er sie mit seiner Karte aus. Dann setzte er sich in die „ Stube “, um auf sein Schicksal zu warten.

Es war ein kahler Raum, und am Schein des Gases, das ihn erleuchtete, erkannte er, dass der Einfluss von Mr. Merrow zumindest so weit über seine Schwelle hinaus vorgedrungen war. Der Boden war mit einem Teppich im Blumenstil von 1860 bedeckt. Die Stühle waren mit dickem Plüsch in warmen Farbtönen gepolstert, auf dem ein geometrisches Muster eingeprägt war. Eine riesige Prozession kleiner Vasen und Dinge aus Porzellan, vervielfacht durch den Kaminsimsspiegel und das Pierglas, verleiht den Räumen, die sie schmücken sollten, eine zusätzliche Verlassenheit, aber nur vollgestopft würde Paulines Reich, so schlussfolgerte er, oben liegen Treppe.

Nach ein paar Minuten schwang die Tür auf und er erhob sich mit einem plötzlichen Herzschlag, um sie zu begrüßen. Aber nein – es war nur eine dicke, uninteressant aussehende Frau (eine Besucherin, eine Schwägerin, überlegte er schnell), die gekommen war, um Pauline zu entschuldigen, wahrscheinlich, wenn sie ihn warten ließ. Er bemerkte, dass die dicke Dame trauerte; und das bestätigte seine Vermutung, dass sie sich als Verwandte des verstorbenen Mr. Merrow erweisen würde. Sie trug ihr Haar in einer Reihe steifer Locken („Bandelettes“, glaube ich, dass sie technisch so heißen) über einer hohen, abfallenden Stirn; Das Haar war dünn und strähnig, sodass, wie er sich sagte, ihr Bruder zweifellos eine Glatze gehabt hatte. Zwei undurchsichtige Augen blickten ruhig aus den weißen Flächen ihres Gesichts; und während er sie aufnahm, dachte er, dass sie als Inkarnation all der Langeweile und Plattheit dienen könnte, die er seit der Stunde seiner Landung in New York in der Luft um sich herum gespürt hatte.

Er stand jedoch schweigend da, machte eine Art fragende Verbeugung und wartete darauf, dass sie ihr Anliegen darlegte.

Sie schien ihn mit einer gewissen Neugier, einer milden, phlegmatischen Art, zu beobachten, woraus er den Schluss zog, dass sie vielleicht nicht völlig unaufgeklärt war über seine frühere Beziehung zur Witwe ihres Bruders. Aber jetzt verspürte er einen deutlichen Anfall des Entsetzens, als sie ihren Kopf zur Seite warf und, die Lippen öffnend, mit resignierter, klangloser Stimme lymphatisch bemerkte: „Nun, das erkläre ich!“ Bist du das, Harry Aigrefield ? Du bist so grau wie eine Ratte!“

Er sank in seinen Stuhl zurück, überwältigt von der plötzlichen Ernüchterung; und er verstand, dass es auf Gegenseitigkeit beruhte.

IV

Er saß vielleicht eine halbe Stunde lang bewegungslos inmitten der Scherben seines zerbrochenen Idols und unterhielt sich mit Mrs. Merrow über verschiedene Dinge. Sie fragte ihn, ob er immer noch so verrückt nach dem Malen von Bildern sei wie früher, worauf er mit einem hohlen Lachen antwortete, dass er es fürchtete. Nun ja, sagte sie scherzhaft, sie gehe davon aus, dass es immer ein paar Harum-Scarum-Menschen auf der Welt geben müsse; und fügte hinzu, dass „Sam“ als Baumwollmaklerin „einfach Geld verdient“ und es ihr sehr gut gegangen sei. Er war an einer Lungenentzündung infolge eines „Griffangriffs“ gestorben.

„Ich nehme an, es kommt dir irgendwie komisch vor, nach so vielen Jahren nach Amerika zurückzukehren?“ fragte sie träge: „Die Dinge haben sich erheblich verändert.“

Er gab zu, dass dies wahr sei, und wünschte ihr eine gute Nacht. Sie ging mit ihm zur Tür, wo sie ihm einen unelastischen Händedruck gab, begleitet von der Aufforderung, noch einmal anzurufen.

In seinem Schlafzimmer im Hotel saß er bis spät in die Nacht vor seinem Fenster, rauchte Zigaretten und versuchte, sich zusammenzureißen. Der letzte Nachglanz seiner Jugend war ausgelöscht; und dadurch wurde die gesamte Farbe des Universums verändert. Er hatte das Gefühl, dass er den

Fall des *bürgerlichen Gentilhomme umgekehrt hatte* und sich zwanzig Jahre lang mit schlechter Poesie beschäftigte – mit anderen Worten: Er machte einen sentimentalen Esel aus sich; und sein Kummer darüber war ebenso groß wie sein Kummer über seine jüngste Ernüchterung.

Samuel Merrow war tot, aber auch Pauline Lake; oder vielleicht hatte Pauline Lake, so wie er sie geliebt hatte, nie außerhalb seiner eigenen Vorstellung existiert. Jedenfalls war Henry Aigrefield tot, tot wie die Blätter des letzten Herbstes; und dies war ein anderer Mann, der seine Kleider trug und seinen Namen trug.

Er warf einen Blick auf seinen Spiegel und sah tatsächlich, wie er kürzlich daran erinnert worden war, dass diese neue, respektabel aussehende Persönlichkeit mittleren Alters „so grau wie eine Ratte" war – obwohl ihm die Figur nicht besser gefiel für seine Wahrheit. Es erforderte mehrere Stunden harter geistiger Arbeit , um die notwendige Neuausrichtung seiner Fähigkeiten überhaupt in Gang zu bringen. Die Vergangenheit war für ihn nicht mehr der wichtigste Teil der Zeit; Gegenwart und Zukunft waren bedeutungsvoll geworden.

Im Staub und der Verwirrung seines Wracks war nur eines völlig klar: Er konnte New York nicht ertragen. Aber die Frage, wohin man gehen sollte, war so groß wie der Umfang der Erde. Direkt zurück nach Paris? Oder was ist mit der anderen Region, von der er in den letzten Tagen so viel gehört hatte, dem Westen? Nach und nach begann sich die Gestalt von Miss Lillian Goddard erfrischend zwischen seinen Grübeleien hin und her zu bewegen; er stellte sich das Lächeln vor, mit dem sie ihn begrüßen würde, wenn er zufällig seine Schritte nach Minneapolis lenken sollte. Es war ein Lächeln, das hundert unbestimmte Annehmlichkeiten zu versprechen schien , und es erwärmte sein Herz. „Wenn ich nach Minneapolis gehen sollte –", begann er; dann saß er zwanzig Minuten lang stocksteif auf seinem Stuhl; und dann erhob er sich mit der Miene eines Mannes, der einen energischen Entschluss gefasst hat.

Während er sich auszog, summte er leise ein oder zwei seiner Lieblingszeilen vor sich hin Dichter,-

„Das soll morgen sein,
Nicht heute Nacht:
Ich muss die Trauer begraben
Ausser Sicht."

EIN LEICHTER SOVEREIGN.

ICH.

Der Grund für den Aufruhr erwies sich als recht einfach.

Als ich aus der Straße, der ich gefolgt war, den Bischofsplatz betrat, traf ich auf eine große Menschenmenge, die sich vor dem Marmorhof versammelt hatte und „Tod dem Konrad!" schrie. und „Wo ist Mathilde?" mit der ganzen Kraft seiner kollektiven Lunge. Der Marmorhof war die Residenz von Prinz Konrad, dem Bruder des regierenden Großherzogs Otto – zwar regierend, aber jetzt sehr alt und krank und möchte sterben. Die legitime Thronfolgerin wäre Ottos Enkelin Mathilde gewesen, das einzige überlebende Kind seines ältesten Sohnes Franz-Victor, der seit zehn Jahren verstorben war. Aber der Bruder des Großherzogs, Konrad, war begierig auf ihre Rechte; habgierig und, wie ihre Freunde behaupteten, skrupellos. Es hieß, Mathilde habe schon lange Angst um ihr Leben gehabt. Conrad war skrupellos, und wenn sie nur aus dem Weg wäre, würde Conrad an die Macht kommen. Gerüchten zufolge hatte er tatsächlich drei Versuche unternommen, ihren Tod herbeizuführen: zwei mit Gift, einer mit dem Dolch, und jeder einzelne war dank eines Wunders erfolglos geblieben. Aber vierzehn Tage nach dem ersten Auftreten tödlicher Symptome bei der Krankheit des armen alten Otto war Mathilde auf mysteriöse Weise verschwunden. Ihr Aufenthaltsort ist unbekannt, ganz X———war in Aufruhr.

„Sie ist geflohen und versteckt sich", vermuteten einige, „um den Plänen ihres bösen Onkels zu entgehen."

„Nein", entgegneten andere, „aber er, der böse Onkel selbst, hat sie entführt und beschlagnahmt, vielleicht sogar mit ihr davongekommen." Wer kann das sagen?"

Als neugieriger Fremder interessierte mich die Situation, und von einer bequemen Türschwelle aus blickte ich nun mit großer Neugier auf diesen germanischen Mob mit tiefer Stimme.

Es muss mehr als tausend Individuen gezählt haben, die in der Mitte und in der Nähe des Palastes kompakt waren, sich aber zu den Rändern hin zerstreuten; ein Meer von Gesichtern, von blassen, stirnrunzelnden Gesichtern; ein wogendes, unruhiges Meer. Größtenteils die Gesichter junger Männer; viele von ihnen sind bartlos. „Studenten der Universität", vermutete ich.

Meine eigene Station befand sich am Rande der Versammlung, die Station eines zufälligen Zuschauers. Vor meiner Tür standen ein paar Priester mit scharfen Gesichtern, zwei oder drei hübsche junge Mädchen – barhäuptig, vermutlich aus einigen der umliegenden Geschäfte geflohen – und ein junger Mann mit einem spitzen schwarzen Bart, ziemlich langen schwarzen Haaren und … ein breitkrempiger, weicher Filzhut, der irgendwie aussah, als wäre er Mitglied der Gilde, der ich selbst angehörte, der alten und fragwürdigen Künstlervereinigung.

Ich wandte mich an ihn, um Informationen zu erhalten ... „Studenten, nehme ich an?"

„Ja, ihre Anführer sind Studenten. Die Studenten und Handwerker der Stadt gehören zur Partei der Prinzessin. Die Armee, der Klerus und das Landvolk sind für den Prinzen." Er hatte an meinem Akzent erkannt, dass ich ein Ausländer war: daher zweifellos die Fülle seiner Antwort.

„Es scheint ein harmloser Mob zu sein", schlug ich vor. „Sie machen natürlich viel Lärm; aber das bricht keine Knochen."

„Das ist genau der Punkt", sagte er. „Die Freunde der Prinzessin kämpfen nur mit der Kehle. Sonst wäre die jetzige Komplikation vielleicht nie aufgetreten."

Unterdessen schrie die Menge lautstark; und für Conrad muss die Viertelstunde im Großen und Ganzen eine schlechte gewesen sein.

Doch plötzlich ertönte in der Ferne der Ruf eines Signalhorns und kam immer näher, bis der Signalhornist persönlich erschien, prächtig in Uniform, auf einem weißen Pferd reitend, langsam den Bischofsplatz hinauf, auf die Menge zu, und mit allen trompetete seine Macht.

"Was bedeutet das?" Ich fragte.

„Ein Signal zum Aufbruch", antwortete mein Begleiter. „Er sieht aus wie ein Generalmajor, nicht wahr? Aber er ist nur ein Trompetenfeldwebel, und ihm folgt auf hundert Meter Entfernung ein Infanteriebataillon. Sein Posaunenstoß dient der Warnung. Zerstreuen! Oder, wenn Sie zögern, nehmen Sie sich vor den Soldaten in Acht!"

„Seine Warnung scheint nicht unbeachtet zu bleiben", bemerkte ich.

„Oh, diese Freunde der Prinzessin sind ganz schön feige", stimmte er verächtlich zu.

Der Mob begann bereits zu schmelzen. In wenigen Minuten waren nur noch ein paar Nachzügler hier und da in Gruppen übrig, darunter mein Bekannter und ich.

Er war ein hübscher junger Kerl mit einem schmalen, dunklen Gesicht, leuchtend braunen Augen und einer Stimme, die so sanft war, dass ich, wenn ich sie gehört hätte, ohne ihn zu sehen, fast annehmen müsste, dass es sich bei der Sprecherin um eine Frau handelte.

„Auch wir sollten besser weggehen“, sagte er.

„Und uns auch als Hühnerherz beweisen?“ fragte ich.

„Oh, Diskretion ist der größte Teil der Tapferkeit “, erwiderte er.

„Aber ich würde gerne die Ankunft des Militärs sehen“, reichte ich ein.

"Ha! Ob es Ihnen gefällt oder nicht, ich fürchte, Sie müssen es jetzt tun “, rief er. "Hier kommen Sie."

Mit murmelndem „Tramp, Tramp“ strömten sie aus den Seitenstraßen, die dorthin führten, auf den Bischofsplatz .

„Wir müssen auf der Hut sein“, sagte mein junger Mann.

„Wir waren nur Zuschauer“, sagte ich.

„Bewusste Unschuld“, lachte er. „Trotzdem sollten wir besser rennen.“

Und zusammen mit unseren Herumlungerkollegen begannen wir schändlich davonzulaufen. Doch bevor wir weit gelaufen waren, wurden wir von der Stimme eines Offiziers angehalten.

"Halt! Halt! Halt, oder wir schießen!“

Wie ein Mann blieben wir stehen. Der Offizier ritt auf uns zu und gab mit echter militärischer Schweigsamkeit kein Wort der Frage oder Erklärung preis, sondern stellte uns in Reihen zu viert auf und umgab uns mit seinen Männern. Dann gab er den Befehl zum Marsch. Alles in allem waren wir vielleicht zwei Dutzend Gefangene, und gut ein Viertel davon waren Frauen.

„Was erwartet uns jetzt?“ Ich fragte mich laut.

„Schande, Enthauptung, Entzug der Bürgerrechte oder zumindest eine Nacht im Schloss St. Michael“, antwortete mein Freund achselzuckend.

„Ah, das wird romantisch“, sagte ich und fühlte mich wie jemand, der in ein Leben voller Abenteuer gestartet ist.

II

Er hatte Recht. Wir wurden durch die Stadt und in den Innenhof des Schlosses St. Michael geführt. Als wir dort ankamen und die schweren Eichentore hinter uns geschlossen waren, war es fast dunkel.

„Hier verbringen Sie die Nacht“, verkündete unser Offizier. „Morgen früh – hm, wir werden sehen.“

„Willst du damit sagen, dass sie uns keine bessere Unterkunft als diese leisten werden?“ Ich forderte.

„ So scheint es“, antwortete der dunkelhäutige junge Mann. „Zum Glück ist die Nacht jedoch warm, der Himmel klar und der Kontakt mit den Sternen soll erhebend für den Geist sein.“

Unser Offizier war im Schloss verschwunden und hinterließ uns einen Korporal und drei Gefreite als Ehrenwache . Wir, die Gefangenen, versammelten uns in der Mitte des Hofes und hielten eine Art spontane Empörungsversammlung ab. Die Frauen äußerten sich in ihren Beschwerden besonders eloquent. Ich erkannte, dass zwei von ihnen zu meinen Nachbarn vor der Haustür gehörten , und wir tauschten mitfühlende Blicke. Die anderen vier waren ältere Frauen, die Mützen und Schürzen trugen und wie Dienstmädchen aussahen.

„Köche“, flüsterte mein Kamerad. „Einige gute Bürger werden auf ihr Abendessen warten müssen. Oh, was für ein Spaß!“

Unser Kongress endete schließlich mit dem Beschluss, dass wir zwar äußerst schäbig behandelt worden seien, aber nichts getan werden könne.

„Wir müssen leiden und still sein. Machen wir es uns so bequem wie möglich und suchen wir Ablenkung durch einen Gedankenaustausch“, schlug mein Kumpel vor. Er setzte sich auf ein Fass, das der Länge nach an der Burgmauer stand, und bedeutete mir, mich neben ihn zu stellen.

"Sie sind Englisch?" erkundigte er sich auf schroffe deutsche Art.

„Nein, ich bin Amerikaner.“

„Ah, es ist dasselbe. Ein Tourist?"

„Glaubst du, es ist dasselbe?“ Ich fragte traurig. „Du weißt es kaum. Aber – ja, ich bin ein Tourist.“

„Bist du schon lange in X———?“

"3 Tage."

„Um Himmels willen, was hast du gefunden, das dich drei Tage hier festhält?“

"Ich bin Maler. Die Stadt ist bemalbar.“

"Stillleben! *Nature morte !* " er weinte. „Es ist die langweiligste Kleinstadt der Christenheit. Aber ich bin froh, dass du Maler bist. Ich bin Musiker – ein Geiger.“

„Ich hatte den Verdacht, dass wir vom selben Typ wären“, sagte ich.

„Hast du das aber? Das war klug. Aber auch ich schien eine verwandte Seele zu wittern.“

"Hier ist meine Karte. Wenn wir morgen früh nicht enthauptet werden, hoffe ich, dass wir uns öfter sehen“, fuhr ich fort und wärmte mich auf.

Er nahm meine Karte und las im Licht eines zu diesem Anlass angezündeten Streichholzes laut vor: „Mr. Arthur Wainwright“, der den englischen Namen ohne Schwierigkeiten ausspricht. „Ich habe keine Karte, aber mein Name ist Sebastian Roch .“

"Sie sprechen Englisch?" war meine Schlussfolgerung. „Oh ja, ich spreche eine Art Englisch“, gestand er in der fraglichen Sprache. Er hatte kaum eine Spur eines ausländischen Akzents.

„Du sprichst es ungewöhnlich gut.“

„Oh, ich habe es als Kind gelernt, und dann habe ich Verwandte in England.“

„Glauben Sie, dass es irgendwelche Einwände gegen unser Rauchen gäbe?“ Ich fragte.

"Ach nein! lasst uns auf jeden Fall rauchen.“

Ich bot ihm mein Zigarettenetui an. Unsere Zigaretten brannten, wir setzten unser Gespräch fort.

„Sag mir, was ist deiner Meinung nach die Wahrheit über Mathilde?“ Ich begann. „Versteckt sie sich freiwillig oder steckt ihr Onkel dahinter?“

„Ah, das ist ein zu schwieriges Rätsel“, protestierte er. „Ich weiß nichts darüber und habe kaum eine Meinung. Aber ich kann ganz offen sagen, dass ich nicht zu ihren Anhängern gehöre. Sie hat keinen schlimmeren Feind als ich.“

"Was! Wirklich? Das wundert mich. Ich dachte, die ganze Jugend von X—— wäre ihr ergeben.“

„Vielleicht ist sie auf ihre Art ein recht harmloser Mensch, und ich habe ihr nichts Positives vorzuwerfen; Nur glaube ich nicht, dass sie das Zeug zu einer regierenden Monarchin hat. Sie ist zu schwindlig, zu benommen; sie denkt zu wenig an ihre Würde. Das Gerichtszeremoniell ist für sie unendlich ermüdend; und das langsame, tote Leben von X – sie hasst es geradezu. Harmloses, notwendiges X——— sie nennt es bekanntermaßen. Es war nie vorgesehen, dass sie Kapitänin dieses winzigen Staatsschiffs wird; und mit so einer Crew! Sie sollten die Minister und Höflinge sehen! Trockene Knochen und Pergament, aufgebläht mit langweiliger deutscher Eddigette ! Sie wurde als Bohemien geboren, als Künstlerin, wie Sie oder ich. Ich habe Mitleid mit ihr, das arme Ding – ich habe Mitleid mit allen, deren Schicksal es ist, in diesem trostlosen Fürstentum zu leben –, aber ich kann sie nicht gutheißen. Sie spielt übrigens auch Geige. Mein eigener Gedanke ist: Hütet euch vor herumspielenden Monarchen!"

„Sie deuten auf einen Nero hin."

„Zahlen Sie einen Nero, gekreuzt mit einem Haroun-al- Raschid . Ich fürchte, ihre Regierungszeit würde durch viele mitternächtliche Eskapaden abwechslungsreicher werden, wie die des fröhlichen Kalifen, nur ohne seine Einmischung von Unrecht und Gerechtigkeit. Sie würde nur ihr eigenes Vergnügen suchen; aber das in X zu suchen———! Sie könnten genauso gut in einem Besenstiel nach Blut suchen. Oh, sie würde ihr Unwesen treiben. Der Teufel hat keinen Agenten wie eine Frau, die sich langweilt."

„Das stimmt eher." Ich stimmte lachend zu: „Und Conrad? Was ist mit ihm?"

„Oh, Conrad ist ein Biest; ein schielendes, berechnendes Biest. Aber ein Tier könnte einen guten Großherzog abgeben; und überhaupt ist ein Biest alles, was ein tierisches kleines Großherzogtum wie dieses verdient. Aber um Ihnen mein geheimes Gefühl zu sagen: Ich glaube nicht, dass er die Chance haben wird, es zu beweisen. Mathilde wird trotz all ihrer Langeweile als hartnäckig auf ihre Rechte bedacht und im Grunde auch als ein schlauer kleiner Körper beschrieben. Das ist widersprüchlich, aber es steckt darin eine Frau drin. Ich kann mir des Verdachts nicht erwehren, dass sie es mit allen Mitteln schaffen wird, auf ihren Thron zu gelangen, es sei denn, er hat sie wirklich getötet und begraben."

Diese Nacht war lang, obwohl wir viel miteinander reden konnten: Es kam uns auch kalt vor, obwohl wir uns im Hochsommer befanden. Ich döste ein wenig, mit der Steinmauer des Schlosses als Kissen, und war mir halb bewusst, dass Sebastian Roch einen scherzhaften Flirt mit den beiden jungen Mädchen führte. Bei Tagesanbruch wurde unsere Wache gewechselt. Um sechs Uhr bekamen wir Besuch von einem eleganten kleinen Leutnant, der uns musterte, unsere Namen und andere persönliche Fragen stellte, sich einen Moment nachdenklich am Kinn kratzte und uns schließlich mit einem Hauch von Inspiration zum Gehen aufforderte. Die Tore wurden geöffnet und wir verließen unser Gefängnis frei.

„Es war fast eine Sensation", sagte Sebastian Roch . „ Man kann also schon in X——— fast eine Sensation erleben! Lebe und lerne."

„Sie sind kein Patriot", sagte ich.

„Mein lieber Herr, ich bin der fleischgewordene Patriotismus. Nur ich finde mein Land langweilig. Wenn das Verrat ist, machen Sie das Beste daraus. Ich konnte dich nicht lieben, Liebling, so gut, ich liebte dich nicht weniger . Es kommt nicht jede Nacht meines Lebens vor, dass ich verhaftet werde und mit einem aufgeklärten Ausländer auf einem Fass sitze und Zigaretten rauche . Die Engländer gelten im Allgemeinen nicht als lebhafte Rasse, aber im Vergleich zu den Einwohnern von X glänzen sie wie Diamanten."

„Das wage ich zu behaupten", gab ich zu. „Aber ich bin kein Engländer – ich bin Amerikaner."

„ Das erkenne ich an Ihrem Akzent", antwortete er unverschämt. „Aber wie ich dir schon einmal gesagt habe, es läuft auf dasselbe hinaus. Das ist alles."

„Apropos Sensationen", sagte ich, „für eine Tasse Kaffee würde ich mein Erstgeburtsrecht verkaufen."

„Um diese Zeit ist kein Kaffeehaus wach", sagte Sebastian.

„Dann wecke ich einen."

"Was! und einen Gesetzesverstoß provozieren. Laut Gesetz dürfen sie erst um sieben Uhr öffnen."

„Oh, Gesetze werden gehängt! Ich muss eine Tasse Kaffee trinken."

„Wirklich, du bist entzückend", beteuerte Sebastian und schob seinen Arm durch meinen.

Bald kamen wir zu einer Bierstube, an deren Tür ich zu klopfen begann. Mein Freund stand daneben und zitterte vor Lachen, was mir in keinem Verhältnis zum Humor des Ereignisses stand.

„Du bist leicht amüsiert", sagte ich.

„Oh nein, weit gefehlt. Aber das ist so ein Witz, wissen Sie", sagte er.

Nach und nach saßen wir uns an einem Tisch gegenüber und tranken heißen Kaffee.

Sebastian Roch ansah, beobachtete ich ein verblüffendes Phänomen. Die Spitze seines rechten Schnurrbarts hatte sich von der Haut gelöst und ragte einen Zentimeter von seiner Wange ab! Der Anblick jagte mir einen Schauer über den Rücken. Es war sicherlich höchst unnatürlich. Seine Augen leuchteten, seine Stimme war sanft, er sprach Englisch wie ein Mann und ein Bruder, und sein Charakter schien skurril und offen; Aber sein Bart, sein schneidiger, schwarzer Spitzbart – um den ich ihn nicht ein wenig beneidet hatte – war unheimlich, und instinktiv griff ich nach meiner Uhr. Es war sicher an seinem Platz und meine Handtasche auch. Deshalb verabschiedeten wir uns rechtzeitig an der Tür des Bierhauses freundlich und versprachen, mich eines Tages in meinem Hotel aufzusuchen.

„Ich habe Ihre Gesellschaft mehr genossen, als Sie denken können", sagte er. „An manchen Tagen werde ich vorbeikommen und dich *à limproviste sehen* ."

III

An diesem Nachmittag befand ich mich wieder auf dem Bischofsplatz , an einem der Tische im Freien des Cafés sitzend, als ein Mann im Gewand eines Franziskanermönchs an mir vorbeikam. Er hatte einen spitzen schwarzen Bart, dieser Mönch, und ein Paar blitzende dunkle Augen; und obwohl er bei unserer Begegnung schnell den Kopf in seine Kapuze zog, hatte ich überhaupt keine Schwierigkeiten, ihn mit meinem seltsam behaarten Gefängniskameraden Sebastian Roch zu identifizieren .

"Liebe mich! er ist Mönch geworden. „Es muss eine schnelle Bekehrung gewesen sein", dachte ich und schaute ihm nach.

Er marschierte quer über den Bischofsplatz und in den Innenhof des Marmorhofs , wo er unsichtbar wurde.

"Der Bettler! Er ist einer von Conrads Spionen", schlussfolgerte ich und suchte in meinem Gedächtnis, ob ich im Laufe unseres Gesprächs etwas gesagt hatte, das mich gefährden könnte.

Ein paar Stunden später setzte ich mich zu meinem Abendessen in den Kaffeeraum des Hôtel de Rome und wollte mich gerade auf die guten Dinge einlassen, die vor mir lagen, als ich auf frischer Tat durch das Geräusch eiliger Schritte auf dem Bürgersteig aufgehalten wurde draußen und ein Tumult aufgeregter Stimmen. Es war eindeutig etwas „im Gange"; und um es nicht zu verpassen, eilte ich zur Straßentür des Gasthauses.

Dort entdeckte ich meinen Gastgeber und meine Gastgeberin, unterstützt vom gesamten *Personal* ihres Lokals, die vor Erstaunen starrten, während ihnen ein geschwätziger Bürger Neuigkeiten ins Ohr flüsterte.

„Otto ist tot", sagte er. „Er ist um sechs Uhr gestorben. Und Conrad wurde ermordet. Heute Nachmittag war es zwischen vier und fünf. Ein Franziskanermönch erschien am Marmorhof und verlangte eine Audienz beim Fürsten. Der Wärter verweigerte ihm natürlich den Zutritt; aber er war entschlossen, und schließlich hörte ihn der Kammerherr des Fürsten an. Das Ergebnis war, dass er ein oder zwei Worte auf ein Stück Papier schrieb, es mit Wachs versiegelte und darum bat, es seiner Hoheit unverzüglich zu übergeben, wobei er schwor, dass es Informationen enthielt, die für sein Wohlergehen von größter Bedeutung waren. Der Kammerherr reichte sein Papier dem Prinzen, der, sobald er es gelesen hatte, einen großen Eid aussprach und befahl, den Mönch in seine Gegenwart zu führen und sie gemeinsam in Ruhe zu lassen. Es verging mehr als eine Stunde. Kurz nach sechs traf die Nachricht vom Tod des alten Herzogs ein. Ein Offizier betrat das Gemach des Prinzen, um es ihm zu melden. Dort fand er, bitteschön, seine Hoheit tot auf dem Boden liegend, mit einem Messer im Herzen. Der Mönch war verschwunden. Sie konnten keinerlei Hinweise auf seinen Aufenthaltsort finden. Auch das Papier, das er dem Prinzen geschickt hatte, war verschwunden. Aber was die Polizei als wichtigen Hinweis ansah, war, dass er ein weiteres Papier zurückgelassen hatte, das um den Griff des Dolches gewickelt war und auf dem in verdeckter Hand geschrieben stand: „Im Land der Blinden vielleicht, der Einäugigen." Männer sind Könige, aber Conrad hat nur die Augen zusammengekniffen!' Und nun kommt es darauf an, dass sie die Erbgroßherzogin Mathilde, eingesperrt in einer Innenwohnung des Marmorhofs , lebend und wohlauf gefunden haben. Conrad hat sie dort seit zwei Wochen gefangen gehalten."

Die so übermittelten Nachrichten erwiesen sich als richtig. „Der Herzog ist tot! Es lebe die Herzogin!" schrie die Bevölkerung.

Es war wie eine altmodische Blut-und-Donner-Oper, und ich war fast hinter den Kulissen. Aber oh, dieser heuchlerische junge Geigenmönch, Sebastian Roch ! Würde er danach sein Versprechen einlösen, mich aufzusuchen? Es hieß, die Polizei unternehme eifrige Versuche, *ihn* aufzuspüren , allerdings bisher mit mäßigem Erfolg.

Natürlich stellten die Druckereien der Stadt nach dem Amtsantritt des neuen Herrschers die Porträts Ihrer Hoheit zum Verkauf zur Verfügung – Fotografien und Chromolithographien; Du hast dein Geld bezahlt und deine Wahl getroffen. Diese stellten sie als eine schlanke junge Frau dar, mit einem zarten, interessanten Gesicht, einem etwas sarkastischen Mund, einer großen Fülle gelblicher Haare und einem Paar leuchtender dunkler Augen, die im Kontrast dazu standen – insgesamt malerisch und gefällig , wenn auch nicht konventionell gesehen, eine gutaussehende Person. Ich hätte es beim besten Willen nicht erklären können, aber da war etwas in ihrem Gesicht, das mich verärgerte und mir das Gefühl gab, es schon einmal gesehen zu haben, obwohl ich mir sicher war, dass ich es nie gesehen hatte. Im Laufe von vierzehn Tagen sah ich sie jedoch – ich erhaschte einen flüchtigen Blick auf sie, als sie in ihrer Victoria durch die Marktstraße fuhr , begleitet von allerlei Prunk und Spektakel. Sie lehnte sich auf ihren Kissen zurück, wirkte blass und interessant, aber traurig gelangweilt, und reagierte mit einem trägen Lächeln auf das Hutheben ihrer Untertanen. Ich starrte sie eindringlich an, und erneut hatte ich das ärgerliche Gefühl, sie irgendwo gesehen zu haben – wo? – wann? – unter welchen Umständen? – schon einmal.

IV

Eines Nachts wurde ich durch ein heftiges Klopfen an meiner Tür aus meinem Schlaf geweckt.

"Wer ist da?" Ich forderte. "Was ist los?"

„Öffnen – öffnen im Namen des Gesetzes!“ befahl eine tiefe Bassstimme.

"Du lieber Himmel! Was kann der Streit jetzt sein?“ Ich fragte mich.

„Öffnen Sie, oder wir brechen die Tür ein“, rief die Stimme.

„Du musst mir wirklich Zeit geben, etwas anzuziehen“, protestierte ich und wickelte mich hastig in ein paar Klamotten.

Dann öffnete ich die Tür.

Ein prächtig uniformierter junger Offizier betrat den Raum, gefolgt von drei Gendarmen mit gezogenen Säbeln . Der Beamte neigte leicht den Kopf und sagte: „Herr Veinricht , ich glaube ?“

Seine Stimme war nicht die schroffe und posaunenartige Stimme, die ich durch die Tür gehört hatte, sondern eine viel sanftere Stimme und eine viel höhere Tonlage. Irgendwie schien es mir nicht ganz die Stimme eines Fremden zu sein, und doch war es das Gesicht eines Fremden, das er nachdrücklich war – ein sehr blumiges Gesicht, gekrönt von einem kurzen roten Haarschopf und geschmückt von einem struppigen roten Schnurrbart. Über seinen Augen hingen buschige rote Augenbrauen, und im unsicheren Kerzenlicht konnte ich ihre Farbe nicht erkennen .

„Ja, ich bin Herr Veinricht “, gab ich zu und gab mich mit dieser deutschen Version meines Namens ab.

"Englisch?" fragte er knapp.

„Nein, nicht englisch – amerikanisch.“

„ Macht nichts ! Ich verhafte Sie im Namen der Großherzogin.“

"Verhafte mich! Wären Sie so freundlich, mir mitzuteilen, um welche Anklage es sich handelt?“

„Unter dem Vorwurf, mit gefährlichen Charakteren Umgang zu haben und ein Feind der Ruhe des Staates zu sein. Bitte ziehen Sie sich so schnell wie möglich an. Unten erwartet Sie eine Kutsche.“

„Guter Gott! Sie haben mich irgendwie mit Sebastian Roch in Verbindung gebracht “, stöhnte ich innerlich. Und ich fing an, meiner Toilette den letzten Schliff zu geben.

„Nein, nein“, rief der Beamte. „Du musst deinen Anzug anziehen. Können Sie die kriminelle Etikette so wenig kennen, dass Sie nicht wissen, dass Staatsgefangene verpflichtet sind, ihre Frack zu tragen?“

„Es scheint eine absurde Regelung zu sein“, sagte ich, „aber ich werde meinen Frack anziehen.“

„Wir werden Sie vor Ihrer Tür erwarten; Aber lassen Sie mich Sie warnen: Sollten Sie versuchen, durch Ihr Fenster zu fliehen, werden Sie an hundert Stellen erschossen“, sagte der Offizier und zog sich mit seinen Schergen zurück.

Die gesamte Hotelbevölkerung befand sich in den Korridoren, durch die ich nun mit meinen Aufsehern gehen musste, und sie drängten uns auf die Straße. Dort stand eine geschlossene Kutsche mit vier Pferden, von denen jedes „nahe“ Pferd einen Postillion trug.

Drei weitere gesattelte Pferde waren an Pfosten rund um den Hoteleingang angebunden. Diese bestiegen die Gendarmen.

„Werden Sie in die Kutsche einsteigen?“ sagte der Offizier.

Aber mein Geist erhob sich in den Armen. „Ich bestehe darauf, zu wissen, wofür ich verhaftet werde. Ich möchte die konkrete Natur der gegen mich erhobenen Anklage verstehen.“

„Ich bin kein Richter. Würden Sie freundlicherweise in die Kutsche einsteigen?“

„Oh, das ist ein echter Skandal“, erklärte ich und stieg in die Kutsche.

Der Offizier sprang hinter mir her, die Tür wurde zugeschlagen, die Postillionen brüllten ihren Pferden zu, wir fuhren los, gefolgt vom rhythmischen Klirren der Gendarmen.

„Ich würde das alles gerne verstehen, wissen Sie“, informierte ich meinen Entführer.

„Mein lieber Herr, Sie wissen die Räumlichkeiten nicht ansatzweise zu schätzen. Wer sich weniger mit Militärmode auskennt, hätte an meinem Mantel längst erkennen können, dass ich ein Propstmarschall bin.“

„Nun, und was ist damit? Ich nehme an, Sie sind dennoch in der Lage, mir meine Position zu erklären.“

„Position, Sir! Das ist eine Kleinigkeit. Aber ich muss Sie warnen, dass alles, was Sie sagen, in Erinnerung bleibt und, wenn es belastend ist, gegen Sie verwendet wird.“

„Es ist ein Verstoß gegen die internationale Gemeinschaft“, sagte ich.

„Oh, wir sind die besten Freunde Englands“, sagte er leichthin.

„Aber ich bin Amerikaner, ich möchte, dass Sie es wissen.“

„ Macht nichts !“ sagte er.

„ Macht nichts !“ wiederholte ich wütend. "Das denkst du! Ich werde den Fall der Gesandtschaft der Vereinigten Staaten zur Kenntnis bringen, und Sie werden sehen.“

"Wie? Und einen Krieg zwischen zwei befreundeten Mächten auslösen?“

"Sie lachen! aber wer zuletzt lacht, lacht am besten, und ich verspreche Ihnen, dass das Großherzogtum X für diese Höflichkeit mit aller Macht büßen wird.“

„Dies ist nicht das erste Mal, dass Sie in diesen Herrschaftsgebieten verhaftet werden“, sagte er streng, „und ich muss Sie daran erinnern, dass Majestätsbeleidigung eine hängende Angelegenheit ist.“

„Majestätsbeleidigung!“ Ich wiederholte halb verächtlich, halb entsetzt.

„ Ja „wohl , mein Herr“, antwortete er. „Aber schließlich gehorche ich einfach nur Befehlen“, fügte er mit einem fast entschuldigenden Tonfall hinzu.

Wo hatte ich schon einmal von dieser seltsamen sanften Stimme gehört? Eine Stimme, die so sanft war, dass sein Deutsch fast wie Italienisch klang.

Mittlerweile waren wir quer durch die Stadt, an den Mauern vorbei und ins offene Land gefahren.

„Sie geleiten mich vielleicht zur Grenze?“ Ich schlug vor und verspürte eine gewisse Erleichterung bei der Vorstellung.

„Oh, bis dahin hoffen wir kaum“, antwortete er mit einem Gefühl, das mir wie ein unterdrücktes Lachen vorkam.

"Weit?" Ich weinte. „Können Sie das Wort verwenden, wenn Sie von einem Taschentuch sprechen?“

„Es ist klein, aber es ist malerisch, es ist übermalbar“, sagte er. „Und außerdem weben Sie mit jęder Silbe, die Sie dagegen aussprechen, eine Strähne in Ihr Halfter und schlagen einen Nagel in Ihren Sarg. Selbstmord ist unklug, um nicht zu sagen unmoralisch.“

„Wenn ich dich auf Augenhöhe treffen könnte“, rief ich, „würde ich dich für deinen Spott mit einer ordentlichen angelsächsischen Tracht Prügel bezahlen.“

„Oh, ein Tigerherz, umhüllt von einem Malerfell", erwiderte er und lachte schallend.

Wir fuhren vielleicht noch eine Viertelstunde schweigend weiter; Dann endlich hallten die Hufe unserer Pferde auf dem Stein wider, und wir fuhren an. Mein Offizier stieg aus der Kutsche; Ich folgte ihm. Wir standen unter einem riesigen Torbogen, der von einer hängenden Laterne beleuchtet wurde. Vor einer kleinen Tür, die in die Steinmauer vor uns eingelassen war, war ein Wachposten mit seiner Muskete zum Gruß postiert.

Die drei Gendarmen sprangen aus ihren Sätteln.

„Lebe wohl, Herr Veinricht ", sagte der Propstmarschall. „Ich habe unsere gemeinsame Fahrt mehr genossen, als ich Ihnen sagen kann." Dann wandte er sich an seine Untergebenen: „Führen Sie diesen Herrn in die Turmkammer", befahl er.

Einer der Gendarmen ging vor mir her, die anderen beiden kamen hinter mir. Ich wurde über eine gewundene Steintreppe hinauf in einen großen achteckigen Raum geführt.

Der Raum wurde von unzähligen Kerzen beleuchtet, die in Wandleuchtern angebracht waren. Es war komfortabel, ja sogar reich möbliert und mit einem beträchtlichen Maß an Geschmack dekoriert. Ein warmer Perserteppich bedeckte den Steinboden; Bücher, Bilder, Bibelots waren wahllos verstreut; und in einer Ecke stand ein offener Flügel, auf dem eine Geige und ein Bogen lagen.

Meine Gendarmen verneigten sich und schlossen die Tür mit einem bedrohlichen Geräusch hinter sich .

„Wenn das meine Kerkerzelle ist", dachte ich, „würde ich mich doch nicht so unwohl fühlen. Aber wie absurd von ihnen, mich zu zwingen, meinen Frack zu tragen."

Ich warf mich in einen Sessel, vergrub mein Gesicht in meinen Händen und versuchte, über meine Situation nachzudenken.

Ich kann nicht sagen, wie viel Zeit auf diese Weise vergangen ist; vielleicht zwanzig Minuten oder eine halbe Stunde. Dann wurde ich plötzlich durch ein leichtes Husten hinter mir gestört, ein diskretes kleines „Ähm". Ich blickte schnell auf. Eine Dame hatte die Wohnung betreten und stand mitten darin und lächelte angesichts meiner verzweifelten Haltung.

"Du lieber Himmel!" Ich schnappte nach Luft, aber nicht hörbar, als ihr Gesicht vor meinem erschrockenen Blick klarer wurde. „Die Großherzogin selbst !"

„Ich freue mich, Sie zu sehen, Mr. Wainwright", begann Ihre Hoheit auf Englisch. „X——— ist ein langweiliger kleiner Ort – oh, glauben Sie mir, der langweiligste seiner Größe in der Christenheit – und man sagt mir, Sie seien ein amüsanter Mann. Ich vertraue darauf, dass sie die Wahrheit sagen."

Natürlich hat der Leser es von Anfang an vorhergesehen; Warum sollte ich ihn sonst mit dieser Anekdote aufhalten? Aber es traf mich wie ein Blitz; und in meiner Aufregung vergaß ich mich selbst und rief laut: „Sebastian Roch !" Das Gesicht der Großherzogin hatte mich mit einem Gefühl der Vertrautheit verfolgt; die Stimme meines rothaarigen Offiziers im Wagen war mir nicht fremd vorgekommen; Aber jetzt, da ich gleichzeitig das Gesicht sah und die Stimme hörte, war mir alles klar : „ Sebastian Roch !"

"Du sagtest--?" fragte die gnädige Dame und hob die Augen.

„Nichts, Madame. Ich wollte Eurer Hoheit gerade für ihre Freundlichkeit danken, aber ..."

„Aber Ihre Gedanken sind abgeschweift und Sie haben eine irrelevante militärische Beobachtung über einen Bastionsfelsen gemacht. Es ist vielleicht Aphasie."

„Sehr wahrscheinlich", stimmte ich zu.

„Aber Sie sind ein Ehrenmann , nicht wahr?"

"Ich hoffe es."

„Die Engländer sind es im Allgemeinen. Sie können ein Staatsgeheimnis behalten , vor allem, wenn Sie es zufällig erfahren haben, nicht wahr?"

„Ich bin ein Grab für solche Dinge, Madame."

„Das ist gut. Und außerdem müssen Sie bedenken, dass nicht jeder Mord Mord ist. Manchmal wird man dazu getrieben, zur Selbstverteidigung zu töten ."

„Daran habe ich keinen Zweifel."

„Es tut mir nur leid, alles ist passiert, bevor du ihn gesehen hast. Sein Schielen war eine Seltenheit; Es hätte Ihrem Sinn für Humor gefallen . „X——ist das langweiligste kleine Fürstentum", fuhr sie fort, „oh, aber langweilig, langweilig, langweilig! Manchmal bin ich aus Verzweiflung gezwungen, kleine Witze zu machen. Dennoch haben Sie tatsächlich fünf Wochen hier verbracht. Es muss so sein, wie man sagt, dass das englische Volk seine Freuden traurig nimmt. Mir wurde gesagt, dass Sie ein Maler sind."

"Ja eure Hoheit; Ich mache eine Abwechslung beim Malen."

„Und ich beim Geigen. Aber mir fehlt ein anspruchsvolles Publikum. Ich denke, du solltest besser mein Porträt malen. Ich werde meine Geige für dich spielen. In der Zwischenzeit werden wir uns unterhalten. Gelegentlich kann ich Ihnen sagen, dass ich Zigaretten rauche; man muss schon etwas Aufregung haben. Wir werden versuchen, die Dinge ein wenig zu beleben. Glauben Sie, dass wir Erfolg haben werden?“

„Oh, daran sollte ich nicht verzweifeln.“

"Das ist nett von dir. Ich habe einen höchst lächerlichen Hochkanzler; Sie könnten Karikaturen von ihm zeichnen. Und meine First Lady der Kammer hat ein absurdes Lispeln. Ich hoffe, ich werde amüsiert sein.“

Während sie sprach, streckte sie ihre linke Hand nach mir aus; Ich nahm es und wollte es gerade freundlich schütteln.

„Nein, nein, das nicht“, sagte sie. „Oh, ich habe vergessen, Sie sind Amerikaner und das ABC der Hofetikette ist für Sie Sanskrit. Muss ich dir sagen, was du tun sollst?“

Um es kurz zu machen: Ich dachte, meine Zeilen wären mir an äußerst angenehmen Stellen zugefallen; und das hatten sie auch tatsächlich – eine Zeit lang. Ich verbrachte einen fröhlichen Sommer am Hofe von X———, abwechselnd in der Residenz in der Stadt und im Schloss hinter den Mauern. Ich habe viele Vorstudien für das Porträt der Prinzessin angefertigt, während sie Geige spielte; und zwischendurch unterhielten wir uns, wie sie es versprochen hatte, übten die Hofetikette, rauchten Zigaretten und lachten über den Skandal. Aber als ich mit der letzten Leinwand begann, musste ich zumindest ein wenig nüchtern werden. Ich wollte ein Meisterwerk daraus machen. Wir hatten zwei oder drei Sitzungen, während derer ich in grimmigem Schweigen arbeitete und die Großherzogin gähnte.

Dann wurde ich eines Nachts erneut aus meinem Schlaf geweckt, von einem Dragoneroberst in Gewahrsam genommen, zu einer geschlossenen Kutsche geführt und durch die Dunkelheit ins Ausland gefahren. Als unser Wagen zum Stillstand kam , befanden wir uns im österreichischen Dorf Z———, jenseits der Grenze X———. Dort verabschiedete mich Oberst von Schlangewurtzel . Gleichzeitig überreichte er mir einen Brief. Ich beeilte mich, es aufzureißen. Auf einem Blatt Gerichtspapier las ich diese Worte in einer hübschen weiblichen Handschrift.

„Du hast versprochen, mich zu amüsieren. Aber es sieht so aus, als würden Sie Ihre drollige britische Kunst *ins rechte Licht rücken* . Wir haben bessere Porträtmaler unter unseren Eingeborenen; und bei Z——— finden Sie Modelle günstig und reichlich.

"Lebewohl!"

DAS ENDE

9 789358 810707

Printed at Repro India Ltd.